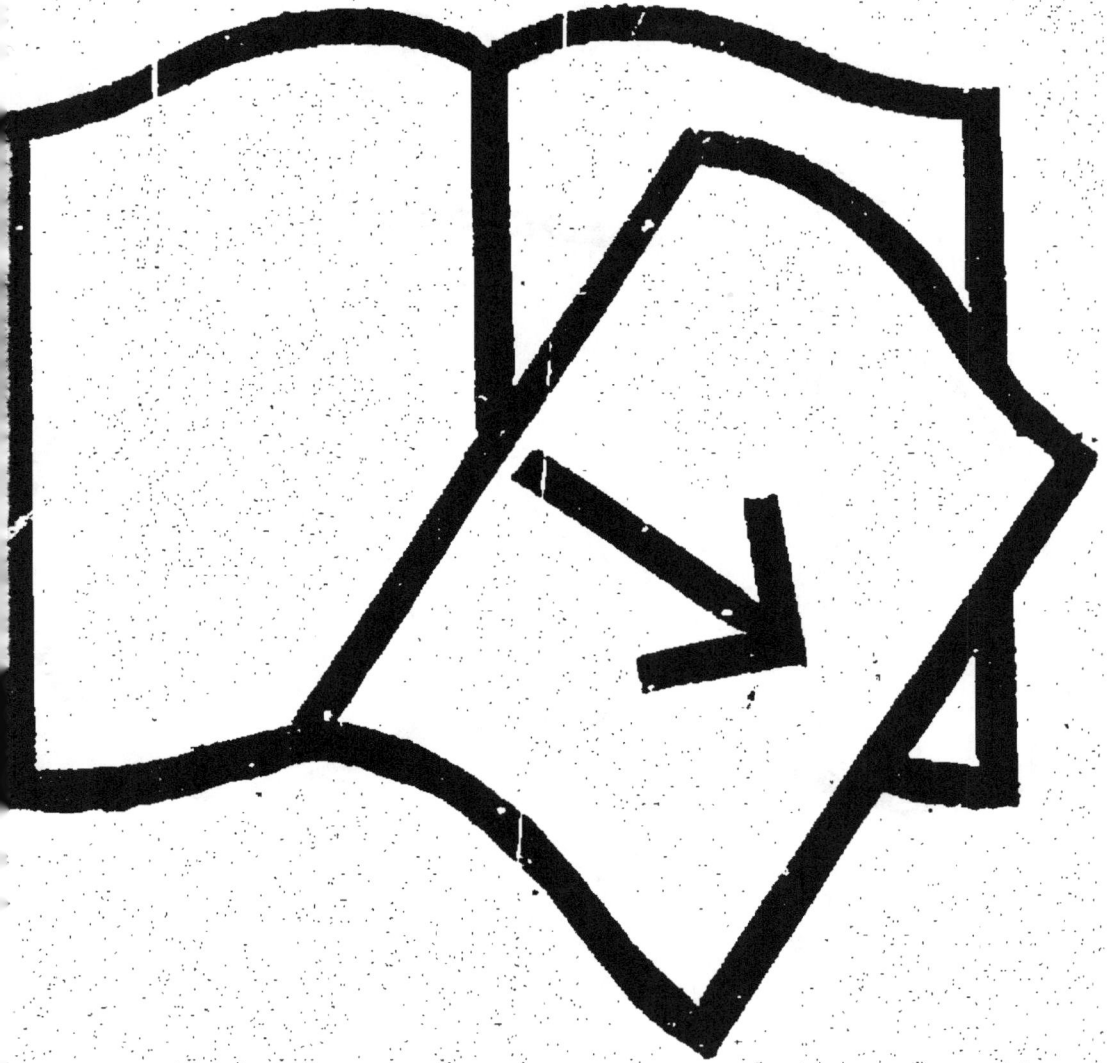

Couverture inférieure manquante

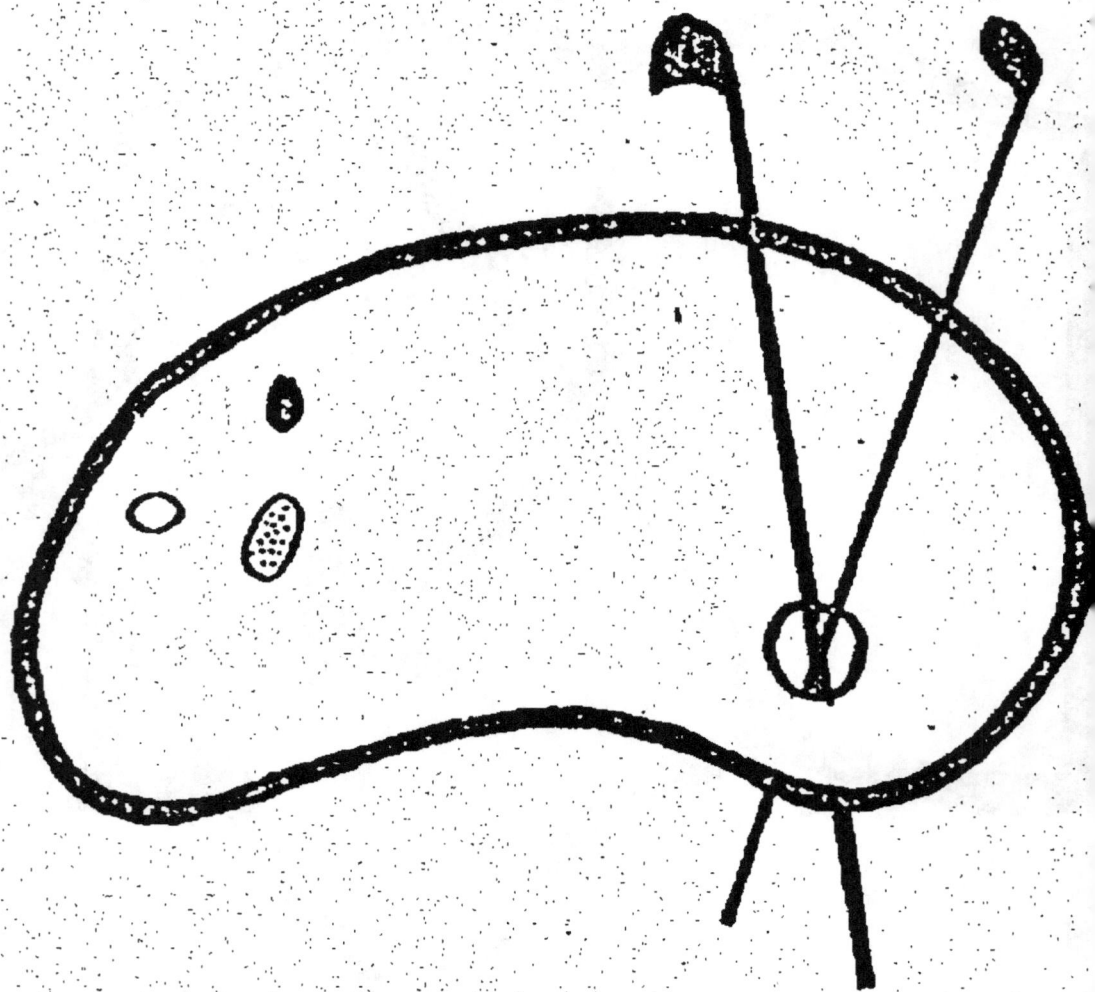

DEBUT D'UNE SERIE DE DOCUMENTS
EN COULEUR

ÉVILLERS-SOUS-USIER

QUELQUES SOUVENIRS DE LA VIE PAROISSIALE

AUX SIÈCLES PASSÉS

AVEC

UNE PETITE NOTICE HISTORIQUE

SUR LE VAL D'USIER

PAR

L'Abbé Ch. HUOT-MARCHAND,

CURÉ D'ÉVILLERS

❧

BESANÇON

IMPRIMERIE ET LITHOGRAPHIE DE PAUL JACQUIN

—

1897

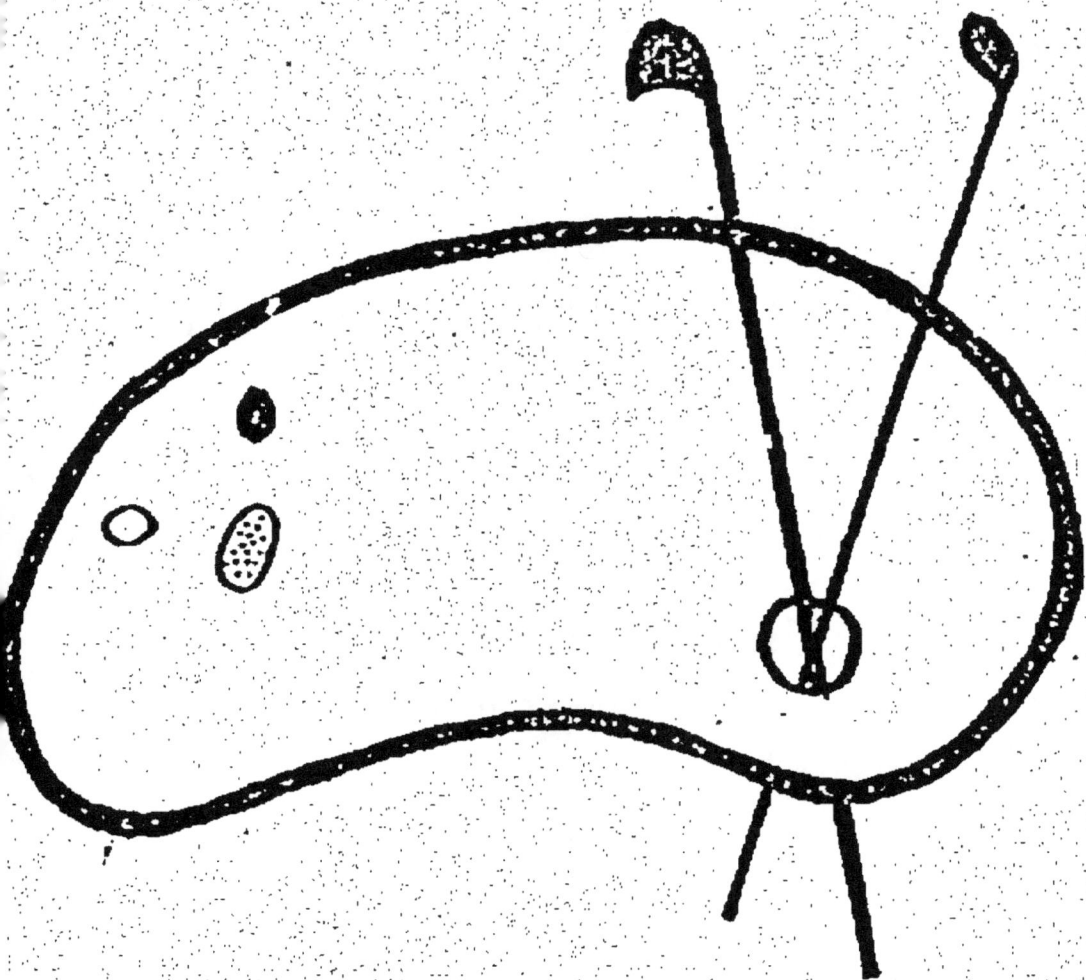

FIN D'UNE SERIE DE DOCUMENTS
EN COULEUR

ÉVILLERS-SOUS-USIER

QUELQUES SOUVENIRS DE LA VIE PAROISSIALE

AUX SIÈCLES PASSÉS

AVEC

UNE PETITE NOTICE HISTORIQUE

SUR LE VAL D'USIER

PAR

L'Abbé Ch. HUOT-MARCHAND,

CURÉ D'ÉVILLERS

BESANÇON

IMPRIMERIE ET LITHOGRAPHIE DE PAUL JACQUIN

—

1897

HOMMAGE

AUX PAROISSIENS D'ÉVILLERS

Souvenez-vous des temps anciens....
Interrogez vos pères, et ils vous ins-
truiront.

(*Deut.*, xxxii, 7.)

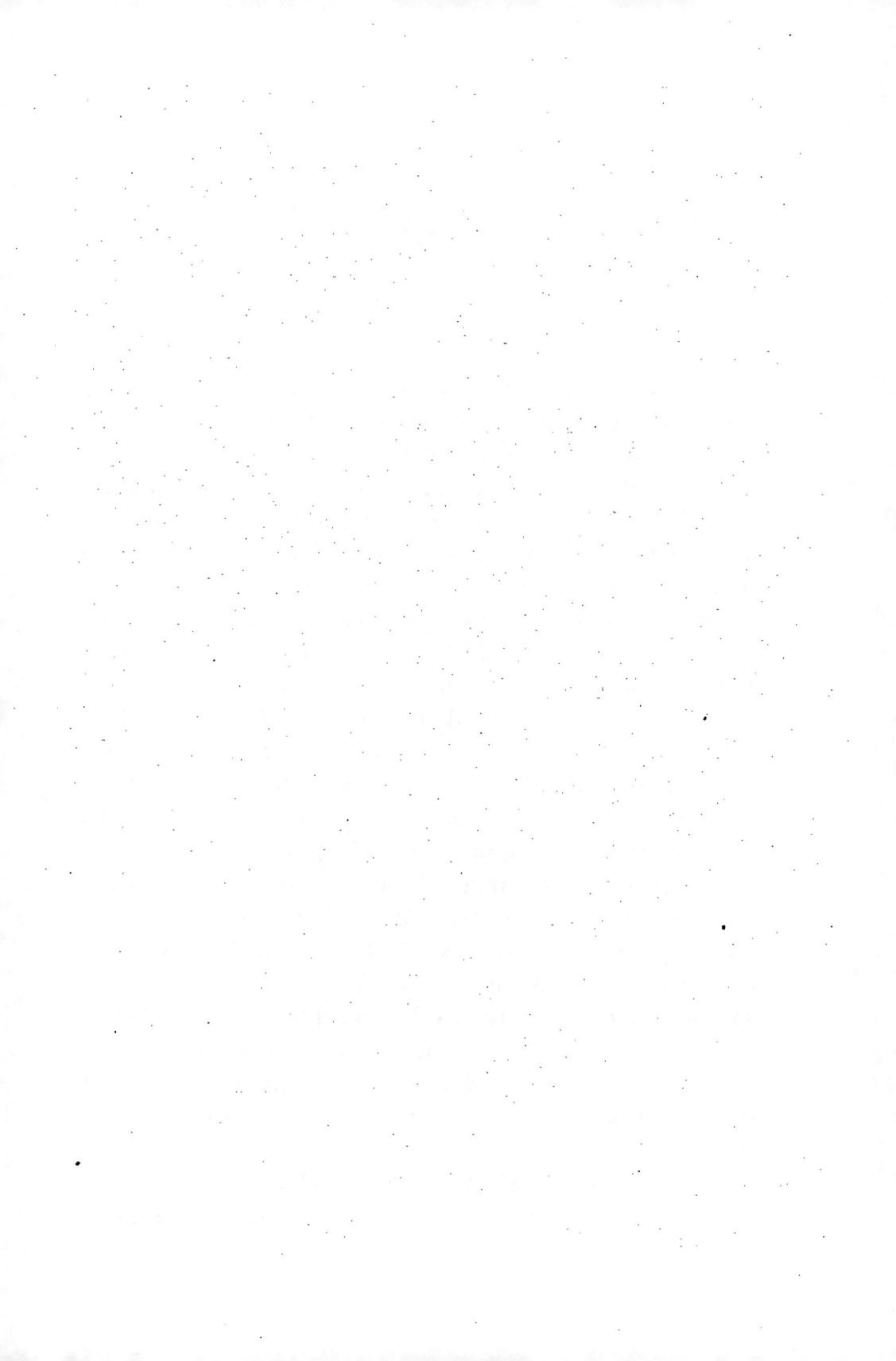

AVANT-PROPOS

Un des sentiments les plus naturels et les plus légitimes, c'est l'amour de la terre natale, de la terre sur laquelle les aïeux ont vécu, travaillé et souffert.

Que le climat en soit rude, que la vie y soit pénible, peu importe ; on s'y attache ; on la quitte avec regret, on y revient avec plaisir. On en porte l'image gravée dans la mémoire, avec les plus minutieux détails : on en évoque dans ses rêves, dans ses méditations solitaires, le souvenir consolant : on se plaît à revoir en imagination le toit paternel, le clocher, l'horizon et ses noires forêts.

D'où vient ce sentiment si profond et si universel ?

Pour peu qu'on réfléchisse, on s'en rend compte aisément : la terre natale, c'est une chose faite du sang et de la sueur des générations d'ancêtres qui nous ont précédés : chaque maison, chaque pierre, chaque arbre, rappelle le souvenir d'un être humain de notre famille, dont la poussière est peut-être encore mêlée à l'air qu'on respire. De même que la forêt doit sa végétation actuelle aux débris des anciennes végétations dont s'est formé peu à peu son sol, de même la génération d'aujourd'hui vit de l'héritage matériel, intellectuel et moral des quinze ou vingt générations qui l'ont précédée. N'est-il pas naturel qu'un lien intime subsiste entre l'âme des disparus et celle des survivants ?

Ils sont oubliés, hélas ! Une des choses qu'on ignore le plus, c'est l'histoire de son pays. L'enfant apprend à l'école l'histoire de la France : c'est bien. Mais pourquoi aimons-nous cette France et l'appelons-nous *patrie,* sinon parce qu'il y a sur son sol un coin de terre qui porte la maison de notre *père,* et à côté un autre coin de terre où reposent ses cendres ? Pourquoi ne nous attacherions-nous pas à connaître, pour l'aimer davantage, cette petite patrie sans laquelle la grande aurait certes beaucoup moins de titres à notre amour ?

J'ai eu l'idée de faire connaître à la paroisse quelque chose de son passé.

La commune d'Évillers a la bonne fortune de posséder les registres d'état civil de trois siècles sans interruption. Les archives de la fabrique conservent quelques notes dues aux prêtres qui ont autrefois administré la paroisse, quelques titres anciens, quelques registres d'associations pieuses, etc. Après avoir lu et relu ces documents, après avoir recueilli des renseignements oraux de divers côtés, j'ai essayé de faire le tableau de la vie d'autrefois.

Assurément, il est très incomplet : mais je pense qu'on le parcourra avec quelque intérêt. Plus d'une fois j'ai été vivement ému en interrogeant ces papiers jaunis par le temps, témoins des joies et des peines d'un autre âge ; j'ai été surtout édifié en constatant quelle intensité de foi et de vie religieuse, quel esprit de famille régnait parmi les anciennes populations.

Réussirai-je à communiquer les sentiments que j'ai éprouvés, à mettre en lumière la leçon qui s'en dégage ? C'est mon plus vif désir. La comparaison du présent avec le passé ne peut qu'inspirer de salutaires réflexions.

Ch. Huot-Marchand.

PETITE NOTICE HISTORIQUE
SUR LE VAL D'USIER

~~~~~~~~~~

Séparé du val de Reugney et du plateau de Chantrans par le mont d'Évillers et les gorges de Maillot, de Pontarlier par les hauteurs de la Vrine et de Pissenavache, encadré à peu près de tous côtés par de vastes forêts, le val d'Usier a toujours eu une vie assez isolée de celle du reste de la région. Jusqu'au XVIe siècle il formait avec Chaffois tout le territoire de la seigneurie de ce nom. Depuis lors, rattaché administrativement à Ornans ou à Pontarlier, il a conservé dans les usages, la langue et le caractère de ses habitants quelque chose de spécial qui le distingue des groupes voisins, et même des autres villages du canton auquel il appartient.

On peut distinguer cinq périodes dans l'existence du pays : 1° les premiers établissements sous l'autorité et la protection des sires de Salins d'abord, puis de Joux; 2° la seigneurie d'Usier, distincte de celle de Joux; 3° le rattachement de la seigneurie d'Usier à celle de Rougemont jusqu'à la réunion au domaine; 4° la période espagnole de 1518 à 1673; 5° la période française.

Les événements de la période révolutionnaire seront racontés à la suite de ce qui concerne spécialement la paroisse d'Évillers.

Les renseignements qui nous ont servi à écrire ces

quelques pages ont été puisés dans les diverses histoires
de l'arrondissement de Pontarlier, mais surtout dans la
Généalogie des sires de Joux et Usier, par le baron d'Es-
tavayer (Documents inédits pour servir à l'histoire de
Franche-Comté), enfin, dans les archives communales et
départementales.

§ 1er. — *Les premiers défrichements.*

A quelle époque le val d'Usier a-t-il commencé à être
habité ? Il n'est pas facile de le déterminer avec préci-
sion. Nous pouvons cependant formuler des conjectures
qui ne seront pas sans fondement.

Aux premiers siècles de notre ère, la province était
loin d'être peuplée comme elle l'est aujourd'hui. On a
calculé qu'à la chute de l'empire romain, la population
devait à peine égaler le quart de la population actuelle [1].
Comme les plaines basses et les vallées chaudes et fertiles durent être les premières cultivées, il est à croire
que la plus grande partie de la montagne n'était pas
occupée. Pontarlier existait depuis plusieurs siècles, et
était le point de bifurcation de plusieurs routes, sur
Besançon, Lons-le-Saunier, la vallée de la Saône et la
Suisse. Le long de ces routes étaient échelonnés quelques
postes militaires; quand les conquérants burgondes se
furent partagé le territoire, il est probable qu'ils vinrent
occuper, à titre permanent, les établissements déjà créés;
mais le manque de sécurité empêcha toute extension des
défrichements.

Lorsqu'en 517, saint Sigismond donna au monastère
d'Agaune (Saint-Maurice-en-Valais) les monts Jura et les
vastes terrains du pays de Warasch comprenant la région

[1] Les historiens attribuent à la Gaule 4,000,000 habitants au moment
de la conquête romaine, et 9,000,000 à la chute de l'empire, 476.

de Pontarlier et le val d'Usier, il est certain que d'immenses forêts en couvraient la plus grande partie, et pour longtemps encore.

Quand enfin, quatre siècles plus tard, en 941, les moines d'Agaune cédèrent le pays au comte de Narbonne et de Mâcon, Albéric, dont les descendants allaient prendre le titre de sires de Salins, l'acte de cession ne laisse pas à penser que le pays si vaguement désigné [1] fût peuplé et cultivé. Un historien de Pontarlier, Droz, pense cependant que les moines d'Agaune firent bâtir une église au val d'Usier. Nous n'avons la preuve de son existence qu'en 1107. Alors l'archevêque de Besançon, Hugues IV, unit *l'autel d'Usier* au prieuré de Mouthier-Hautepierre.

Quoi qu'il en soit, il est certain que les héritiers d'Albéric ne réussirent pas à y attirer beaucoup d'habitants pendant les deux siècles qu'ils jouirent du fief.

Au XIIᵉ siècle, cependant, les sires de Salins étaient devenus puissants, et se posaient presque en rivaux des comtes de Bourgogne. Vers 1150, l'héritière du Comté était une orpheline, Béatrix, que son oncle Guillaume s'empressa d'enfermer dans une tour. Frédéric Barberousse, empereur d'Allemagne, suzerain de la Comté, se crut le devoir de la délivrer, puis il l'épousa. Cet événement allait changer les destinées du pays.

A la suite de circonstances qu'on ne connaît pas, l'empereur, ayant dû abaisser l'orgueil des sires de Salins, les déposséda d'une partie de leurs domaines, entre autres de la terre d'Usier, pour les donner à d'autres seigneurs *fidèles* en récompense de quelques services. Le val d'Usier échut au sire de Joux, qui allait grandir en puissance. Cette libéralité est un peu antérieure à 1170.

_____

[1] De turma jurense.... scilicet Oscias, et quidquid in has partes pertinere videtur.

A partir de ce jour, la population va croître et son bien-être se développer rapidement. Le château (*castrum Occeiaci* [1]), bâti depuis peu, assurait déjà la sécurité du pays. Non loin de son enceinte existait une métairie, donnée à l'abbaye du Mont-Sainte-Marie par les sires de Salins. Bientôt s'élèvent, au pied de la forteresse, le village de Sombacourt, à la partie dominante du vallon (*Summa Curtis*), puis successivement les villages de Goux, Bians, Évillers. Dès lors, parmi les libéralités faites par le sire de Joux aux divers monastères, nous voyons figurer quelques revenus imposés sur la terre d'Usier. En 1196, c'est à l'abbaye du Mont-Sainte-Marie qu'il concède le droit de parcours dans le territoire d'Usier, et le droit d'usage dans ses forêts. En 1199, il cède à l'abbaye de Montbenoît la moitié des dîmes *novales*, c'est-à-dire *à percevoir ci-après indistinctement de tout possesseur, au fur et à mesure des défrichements opérés.* » (V. Droz, où la charte est reproduite.) Ce bienfaiteur des monastères, à qui l'abbaye de Montbenoît a élevé plus tard un monument, était Henri, Ier du nom, qui prenait les titres de sire de *Joux*, d'*Usie*, de *Miroual* et de *la Cluse* [2]. Tant qu'il vécut, le pays se développa en paix. Les premières chapelles bâties dans les hameaux de la seigneurie d'Usier datent de cette époque.

C'est un fait remarquable que ce développement rapide d'un pays naguère couvert de forêts et de marécages. Pendant cinq siècles, les invasions de barbares (Burgondes, Sarrasins, Normands, Hongrois), sillonnant la contrée, avaient ôté toute sécurité aux campagnes. Ce n'est guère qu'au xe que le torrent s'arrêta : encore le pays ne fut-il garanti de toute incursion nouvelle que quand les pro-

---

(1) Le pays d'Usier s'appelle dans les chartes : Oseias, Occeiacum, Usijacum, quelquefois Usyarum, enfin Usye, Usie et Usier.

(2) Sa mère était la célèbre Berthe de Joux, connue par une légende d'Aug. Demesmay.

priétaires du sol eurent bâti des châteaux [1]. Alors seulement les colons purent affluer.

Les moines étaient déjà venus remettre en honneur le
travail de la terre longtemps décrié. Mouthier (ixe siècle)
d'abord, puis Mouthe (xie siècle), Morteau, Montbenoît,
ayant donné l'exemple, les seigneurs appelèrent des
familles de cultivateurs autour de leurs châteaux en leur
offrant gratuitement des terres. En 1126, l'usage général
proclamait que le Jura était au premier occupant, c'est-
à-dire que tout individu qui défrichait un terrain en devenait propriétaire (sauf à payer au seigneur un impôt,
sous le nom de dîme ou de cens). Quand cette mesure
ne suffit pas, les seigneurs achetèrent des serfs, qu'ils
transportèrent dans leurs domaines pour les cultiver. Ce
fut l'origine des mainmortables [2]. De l'aveu des plus
sérieux historiens (Droz), la mainmorte fut très rare. Il
n'y eut jamais de mainmorte générale; on ne cite que
des cas de mainmorte particulière.

En somme, les paysans du val d'Usier au xiiie siècle
souffrirent moins que d'autres du régime féodal. Voisins
des paroisses qui appartenaient au *Bouchéage* (association des bourgeois de Pontarlier), ils jouirent de bonne
heure de franchises analogues. D'ailleurs, dès 1246, les
droits seigneuriaux du sire de Joux semblent avoir été

---

[1] On prétend qu'il exista au-dessus d'Ouhans, du côté de Renédale, un
château, appelé château de Voirbé. On ne sait rien d'ailleurs de son histoire ; les historiens mentionnent aussi dès le xiie siècle un château de
Goux, dont il ne reste rien et au sujet duquel on ne sait rien.

[2] Le serf ou mainmortable ne pouvait ni vendre sa terre, ni la céder
par testament, ni la quitter. Il cultivait pour le compte de son maître,
qui lui assurait de quoi vivre et lui permettait de se réserver un petit pé-
cule. En cas de sévices, il pouvait demander et obtenir justice. La mainmorte paraît avoir été une nécessité du temps : le colon, trop souvent
exposé à la ruine par la guerre ou la famine, avait intérêt à se lier à son
seigneur par un contrat qui lui assurait du moins la vie sauve. Le seigneur,
qui manquait de bras, et dont les terres n'avaient aucune valeur sans la
présence de colons pour les travailler, avait intérêt à assurer la conservation des familles sur ses domaines.

restreints par un acte que lui fit signer le comte de Bourgogne.

§ 2. — *La seigneurie d'Usier distincte de celle de Joux.*

Henri Ier de Joux laissait en mourant deux fils (1243), Amauri et Hugues. Hugues hérita du domaine d'Usier; Amauri succéda à son frère au château de Joux.

Peu de temps après, la guerre éclatait entre les deux frères d'une part, Jean de Chalon et Amédée de Montfaucon d'autre part. Jean de Chalon désirait ardemment ressaisir les biens compris dans l'inféodation d'Albéric, que Frédéric Barberousse avait enlevés à la maison de Salins. Amauri et Hugues se crurent assez forts pour résister; mais la fortune ne répondit pas à leur attente. En 1247, Hugues fut contraint de remettre « son chastel et sa terre » à Amédée de Montfaucon, en attendant qu'Amaury eût renoncé à ses droits de fief en faveur du comte Jean. L'année suivante il se déclarait homme lige d'Amédée, reprenant de lui toutes ses possessions à Septfontaine et Évillers, et le château d'Usier devait rester ouvert à Jean de Chalon et à son neveu Amédée. En 1258, Hugues se reconnaît vassal du même comte Jean pour le marché d'Usier, pour quatre *maignies* [1] d'hommes à Sombacourt, deux à Bians, trois à Ouhans, une à Évillers et une à Septfontaine.

Cependant, Amauri gardait toujours la suzeraineté directe sur la seigneurie d'Usier, puisqu'il en faisait hommage lige en 1262 au comte de Bourgogne. Quatre ans après, il en fut autrement. La douairière d'Amauri cédait tous ses droits à Laure, troisième femme du comte de Chalon, sans qu'on sache le motif de cette résolution.

---

[1] Maignie, de mansionata, maisnie, mesnie, maignie, maisonnée.

En 1269, Henri, fils de Hugues, devenu seigneur d'Usier, était donc vassal direct d'un fils de Jean de Chalon. Toutefois, dans l'*aveu* fait en 1284 de ce qu'il possédait sous sa mouvance à Évillers, Septfontaine, Levier et Chaffoy, il réserve la fidélité qu'il doit au sire de Joux; et en 1298, une charte de partage attribue à Jean, chevalier, la part que peuvent avoir la veuve du sire de Joux et Jean, son fils, dans les dîmes d'Évillers.

Telle était l'organisation sociale de cette époque, qu'une terre pouvait dépendre de plusieurs suzerains à divers titres [1]. Le val d'Usier est, par exemple, dans la mouvance directe du sire de Joux; son frère, à ce titre, le reconnaît pour suzerain, mais en même temps, le sire de Joux en fait hommage au comte de Bourgogne. Il faut ajouter que le pays ne dépendait pas seulement des sires de Joux; une partie d'Évillers dépendit de Château-Vieux, de Vuillafans, de Maillot; d'autres terres, à Bians et Sombacourt, dépendaient des sires de Durnes, sans compter ce qui appartenait aux monastères de Mouthier, de Montbenoît, du Mont-Sainte-Marie, plus tard de Cherlieu.

Les redevances des tenanciers étaient réparties entre les divers suzerains suivant des conventions qui variaient à l'infini. L'un percevait les dîmes, un autre les droits sur le sel, un autre le droit sur les fours ou sur le marché. Ainsi, Hugues d'Usier aliène en 1286, au profit de l'abbaye du Mont-Sainte-Marie, sa portion dans les dîmes d'Évillers, et lui vend (1288) les fours de Sombacourt.

Quant à la juridiction civile ou criminelle, elle était aussi partagée, et donnait lieu à de fréquentes contestations.

(1) A la mort d'un seigneur, les villages de son domaine étaient quelquefois partagés entre les héritiers : le sort des cultivateurs en pouvait être modifié.

§ 3. — *La seigneurie d'Usier unie à celle de Rougemont* (1340-1518).

Un peu avant 1312, toutes les possessions de Henri d'Usier passèrent à son fils unique, Hugues, IIe du nom, sur lequel on ne connaît que peu de détails : une donation au monastère du Mont-Sainte-Marie, une tenue de justice, dans laquelle un homme de Frasne, accusé de complicité de meurtre, est absous. A sa mort, il ne laissa pour tout héritier qu'une fille, Jeanne, qui, mariée vers 1340 avec Guillaume de Rougemont, fit passer le domaine d'Usier sous la dépendance de cette maison.

Elle vécut, ainsi que son mari, encore vingt ans. Leur fils, Humbert, prit les titres de sire de Rougemont et d'Usier. On cite d'Humbert Ier de Rougemont quelques affranchissements individuels dans sa terre d'Usier, et un dénombrement de cette seigneurie comme dépendance de celle de Vuillafans-le-Vieil. Un de ses fils, Thiébaud, devint archevêque de Besançon; sa fille, Jeanne, épousa Bernard d'Asuel; son autre fils, Humbert, recueillit sa succession quand il mourut en 1412.

Humbert II, sire de Rougemont et d'Usier, marié en 1418, attendit en vain un héritier pendant dix ans. Ayant alors perdu tout espoir (1429), il aliéna, entre autres biens, sa seigneurie d'Usier au profit de Jean de Chalon, prince d'Orange. Aussitôt celui-ci en fit don « à sa très chère et amée parente et cousine, » Henriette de Neublans, femme d'Humbert, se réservant seulement le droit de suzeraineté. La donation comprend les *villes* [1] de Sombacourt, Bians, Église, Goux, Évillers, Septfontaine, Ouhans et Chaffois.

La mort d'Humbert survint en 1440; il venait de dispo-

---

[1] Fermes.

Généalogie des sires d'Usier, à partir de la donation de Frédéric Barberousse.

1160 environ. Amauri III de Joux obtient le vallon d'Usier.
   Il laisse un fils :
1196 Henri Ier, sire de Joux et d'Usier, dont les deux fils sont :

Amauri IV, sire de Joux, etc.   1243 Hugues Ier, sire d'Usier, père de :

1269 Henri, dont le fils

1312 Hugues II ne laisse qu'une fille :

1340 Jeanne d'Usier épouse
Guillaume de Rougemont
et laisse un fils unique :

1360 Humbert Ier, sire de Rougemont et
d'Usier,
qui a trois enfants :

Thiébaud, archevêque de Besançon, de 1404 à 1429.	Humbert, qui épouse Henriette de Neublans et meurt sans enfants en 1440.	Jeanne, épouse de Bernard l'Asuel, laisse deux enfants :
		Jean et Thiébaud, qui se font adjuger l'héritage de l'oncle.
		Pierre de Vergier ayant épousé une d'Asuel possède le domaine d'Usier en 1508.

ser par testament de tous ses biens en faveur du prince
d'Orange. Ses neveux, Jean et Thiébaud, fils de Bernard
d'Asuel, ne tardèrent pas à se présenter pour disputer la
succession. Une procédure ouverte devant le parlement
de Dole donna en partie gain de cause aux héritiers naturels, pour la seigneurie de Rougemont. Mais on ne sait
comment la seigneurie d'Usier passa des mains d'Henriette de Neublans à celles des neveux de son mari. Ce
qui est certain, c'est qu'en 1457 ils disposent de la moitié
des villages d'Ouhans, Évillers et Septfontaine.

Les villages d'Usier avaient donc passé, en partie du
moins, à la maison de Chalon-Orange, vers 1457. Plusieurs églises bâties à la fin du siècle, et portant les
armes de Chalon-Orange sur le portail, indiquent qu'ils
restèrent quelque temps sous l'autorité des princes de
cette maison.

Malgré les procès et contestations au sujet de la suzeraineté, la seigneurie semble avoir continué de pros-
pérer et de se développer, lorsque les guerres de Charles
le Téméraire avec la France et l'invasion des Suisses
vinrent déchaîner sur la montagne la misère et la ruine.

Poussés par Louis XI à envahir la Franche-Comté, les
Suisses avaient pénétré dans le val de Morteau en 1474.
En 1475, ils arrivèrent par Jougne, disposés à ravager
toute la frontière. Montbenoît fut pillé; la Chaux d'Arlier
fut saccagée et incendiée; cinq ans plus tard, le val
d'Usier devait subir le même sort. De nombreuses restaurations ou reconstructions d'églises, vers 1490 [1], indiquent sûrement que la dévastation avait passé sur le
pays.

Le duc était occupé à guerroyer en Lorraine quand il
apprit l'invasion des Suisses : il accourut aussitôt (février

[1] En particulier Septfontaine, Évillers. Les églises de Sombacourt, Chapelle-d'Huin et Septfontaine furent consacrées en 1493 par Odet Tronchet,
évêque de Tibériade, suffragant de l'archevêché de Besançon (Droz).

1475). Arrivé de Besançon à Châteauneuf-Vuillafans le 6, il se rendit le 7 à la Rivière; le 8, il passait en revue à Jougne ses 30,000 hommes. Les Suisses, espérant conjurer l'orage, s'étaient retirés en toute hâte. Ils attendirent leur adversaire à Granson, où Charles leur livra bataille le 2 mars. L'intrépidité des Suisses, moins nombreux cependant, l'emporta sur la bravoure des milices bourguignonnes. Charles, vaincu, se retira à Nozeroy, méditant une revanche. Le 22 juin, ayant préparé une nouvelle armée, il vint présenter de nouveau le combat aux Suisses auprès de Morat. Il fut battu encore une fois. Humilié profondément, Charles le Téméraire vint attendre à la Rivière de nouveaux renforts. Il y passa deux mois, abattu, découragé, tour à tour transporté de colère et plongé dans un morne chagrin. Ayant appris enfin que Nancy était attaqué, il s'empressa d'y retourner. Il y périt, comme on sait, deux ans après, en 1477.

Après la mort de Charles le Téméraire, Louis XI acheva sans peine la conquête de la Franche-Comté (1480). C'est alors que le val d'Usier fut ravagé et le château de Maillot démoli. Parmi les seigneurs dont la défection avait servi le roi se trouvait Philippe de Hochberg, fils du comte de Neuchâtel. Louis XI lui donna en récompense la seigneurie de Joux et celle d'Usier, au détriment des frères d'Asuel. Ph. de Hochberg continua, après la fin de l'occupation française, qui d'ailleurs dura peu, à jouir des libéralités du monarque. Ce ne fut qu'après sa mort que l'héritier des frères Jean et Thiébaud d'Asuel, Pierre du Vergier, mari de Gauthière d'Asuel, fit valoir ses droits devant le parlement de Dole. Il eut plein succès (1506), et pendant quelques années jouit de tous les droits utiles sur le territoire d'Usier, pendant que l'héritier de Hochberg, le duc de Longueville, gardait le domaine direct.

Douze ans plus tard (25 septembre 1518), un décret

réunissait la seigneurie d'Usier au domaine de la couronne d'Espagne. Aussitôt, l'archiduchesse Marguerite, fille de Maximilien, souveraine de Franche-Comté, en donna la jouissance à Philibert de Chalon, qui entra immédiatement en possession.

§ 4. — *Depuis la réunion de la seigneurie au domaine jusqu'à la conquête française (1518-1668).*

Les années qui suivirent la réunion de la seigneurie d'Usier au domaine n'offrent aucun fait digne d'être signalé [1]. Le 31 octobre 1559, le roi Philippe II, voulant récompenser Gérard de Watteville, lui accorda, sous réserve du fief, la jouissance viagère des château et seigneurie d'Usier, en échange d'une pension de 450 fr., qu'il devait aux bontés de Charles-Quint.

Dès ce moment, les communes s'administrent elles-mêmes, l'autorité des seigneurs s'élargit : leurs droits sont limités ; et ces limites, se précisant de plus en plus, laissent de moins en moins place à l'arbitraire. Les sujets savent désormais à qui s'adresser pour réclamer contre les abus du pouvoir. Bref, l'autorité des seigneurs tend à se réduire à peu de chose. Au lieu d'être, comme à l'origine, vraiment seigneurs, c'est-à-dire propriétaires du sol, ils ne sont que des administrateurs héréditaires ou à vie, qui, au lieu d'être payés comme nos fonctionnaires, perçoivent certains impôts et administrent à forfait.

Les sujets de la terre élevèrent, paraît-il, des plaintes fréquentes contre les oppressions de G. de Watteville. Il mourut sans postérité en 1591.

Les luttes religieuses qui troublèrent si profondément

---

[1] Le village d'Évillers ne faisait plus partie à ce moment de la seigneurie d'Usier ; il dépendait en partie de la seigneurie de Maillot, appartenant aux comtes de Scey, en partie de la seigneurie de Montmahoux et de Châteauvieux.

l'Allemagne et la France au XVIᵉ siècle n'eurent pas de retentissement dans le coin de province que nous étudions. Grâce à la vigilance du roi d'Espagne et des gouverneurs de la Franche-Comté, grâce aussi à l'énergique résistance des populations de la frontière, la propagande protestante ne réussit pas à s'introduire au val d'Usier.

Les entreprises de Henri IV contre la Franche-Comté ne troublèrent pas davantage la paix dans les hautes montagnes du Doubs. Ce prince proposait aux Suisses de partager avec lui la province, en leur cédant le mont Jura, Pontarlier, etc. ; les cantons déclinèrent l'offre ; les Suisses aimaient mieux être amis que voisins des Français (Girod).

Ainsi, pendant que les pays voisins souffraient des troubles suscités par la réforme, ou des rivalités politiques, les montagnards franc-comtois vivaient tranquilles et prospéraient. Le joug de l'Espagne n'était pas lourd, elle cherchait à s'attacher les peuples par des concessions. C'est à ce temps qu'il faut rapporter les cessions de communaux et de forêts faites aux habitants pour qu'ils en jouissent en toute propriété, moyennant le paiement d'un cens annuel [1]. Depuis bien des années déjà, les communes avaient la faculté de s'administrer elles-mêmes.

A ce régime, la population s'accroissait rapidement. En 1600, elle paraît n'avoir guère été inférieure à ce qu'elle est restée depuis [2].

Mais la guerre de Dix ans vint bientôt interrompre cette série de jours heureux, plonger le pays dans la ruine et la désolation, et rappeler les temps les plus tristes des grandes invasions barbares.

---

(1) En 1566, les habitants d'Évillers reconnaissent devoir un cens pour les communaux concédés par le roi (Archives de la préfecture du Doubs).

(2) A Évillers, la moyenne annuelle des naissances était, en 1604-1614, de 11, très peu inférieure à ce qu'elle est aujourd'hui (11,7 pour la période 1884-1894) (État civil, mairie d'Évillers).

Pour essayer de détacher la Franche-Comté de l'Espagne, et l'obliger à se jeter entre les bras de la France, on sait que le cardinal de Richelieu laissa le duc de Weimar envahir notre province. Weimar était un zélé protestant, et sa bande un ramassis d'aventuriers de tous pays [1].

1639 fut surtout l'année terrible. Dans les premiers jours de janvier, la troupe de Weimar déboucha dans la vallée du Doubs près de Saint-Hippolyte. En trois jours, il arriva, incendiant et massacrant, à Morteau, où périrent plus de 1,000 personnes. Le 17, il était devant Pontarlier avec 9,000 hommes. Le commandant de Saint-Mauris organisa la défense avec beaucoup de sang-froid. Les habitants, décidés à épuiser tous leurs moyens de résistance contre un ennemi pour qui rien n'était sacré, le secondèrent de toute leur énergie. Malheureusement, ils étaient trop inférieurs en nombre : au bout de six jours de siège, la ville était déjà impuissante à prolonger sa résistance. Vainement elle appela à son secours le duc de Lorraine, campé au val de Maillot depuis neuf jours. Deux fois il refusa de secourir la ville. Le 24, il fallut signer une capitulation : elle était honorable. Hélas ! elle fut outrageusement violée. Les exigences de Weimar furent telles, qu'il était matériellement impossible de le satisfaire. Il livra la ville au feu, et les habitants à l'épée de ses soldats.

Le château d'Usier fut assiégé ensuite; malgré une défense énergique conduite par Jean Vernerey de Passonfontaine, il fut emporté. On devine ce que les bandes firent du pays, après ce nouvel exploit.

Les massacres et les incendies de Weimar ne furent pas le seul fléau qui s'abattit sur le pays. La peste était

---

(1) Il y avait dans la troupe un certain nombre de Suédois : l'invasion de 1639 en a gardé le nom d'invasion suédoise.

venue avec la guerre. Dès 1636, elle sévissait sur le pays
plat du Comté. Dans les années 1637, 1638 et suivantes,
elle atteignit la montagne et la dépeupla des deux tiers.

Nous ne sommes pas renseignés sur la marche du fléau,
parce que nous ne possédons pour cette époque aucun registre paroissial des décès. Mais le registre des baptêmes
nous donne quelques indications. La moyenne des naissances pour la période décennale 1637-1647, dans la paroisse
d'Évillers, est au-dessous de trois, au lieu de onze qu'elle
était trente ans auparavant. Il est à croire que les villages
voisins furent éprouvés de la même manière.

On vit alors la misère la plus épouvantable. Plus de
bras ni d'animaux pour cultiver les terres ; plus de blé
pour les ensemencer. Les gouverneurs de la province vinrent au secours des paysans. Pour atténuer les calamités
qui venaient de désoler le pays, on accorda beaucoup de
réductions d'impôts (qui se payaient en nature sous le nom
de dîmes) ; et on concéda largement aux malheureux sans
chaumière le droit d'usage dans les forêts. Enfin on appela
des colons étrangers, pour combler les vides faits par la
mort, et ne pas laisser les terres sans culture.

Quelques années après le passage du double fléau, les
villages sont presque repeuplés. A Évillers, plus de vingt
noms nouveaux apparaissent sur les registres paroissiaux
de baptêmes ; la moitié de ces étrangers vient de la Savoie
(des environs de Sallanches et de Saint-Gervais); l'autre
moitié arrive de la Suisse, surtout du canton de Fribourg.
C'était toute une population nouvelle qui remplaçait les
membres disparus des anciennes familles [1]. Moins de cent
ans après, la population était remontée au chiffre atteint
dans les premières années du XVIIe siècle.

[1] Il est probable qu'un certain nombre d'habitants avaient fui et re-
vinrent trouver leurs foyers et leurs champs. La plupart des étrangers venus de 1645 à 1650 retournèrent aussi apparemment dans leur pays d'origine.

§ 5. — *Depuis la conquête française jusqu'à la Révolution* (1668-1789).

Ce fut au cours de l'hiver de 1668 que les armées de Louis XIV, conduites par le grand Condé, fondirent sur la Franche-Comté. Le souvenir des calamités de la guerre de Dix ans était encore vivace, et surtout on n'oubliait pas qu'elles avaient été en partie l'œuvre des Français. Les montagnards s'imaginèrent d'abord qu'ils allaient revoir les malheurs de l'invasion suédoise. Aussi, tout en faisant des vœux pour une résistance énergique, ils cédèrent au sentiment de la peur, et s'enfuirent plutôt que de s'exposer aux atrocités de 1639. D'autre part, le gouverneur, marquis d'Hyenne, ne sut pas ou ne voulut pas organiser la défense. La province fut conquise en quelques semaines.

Quand on apprit que par le traité d'Aix-la-Chapelle (2 mai 1668) Louis XIV se désistait de sa conquête, ce ne fut de toutes parts qu'un cri de joie.

Cependant le roi de France gardait le désir de s'emparer définitivement de la province. Il ne tarda pas à trouver des prétextes pour reprendre ses projets de conquête. Au commencement de mai 1674, les armées de Louis XIV étaient de nouveau devant Besançon. Au bruit de l'arrivée des Français, il y eut comme la première fois un moment de panique dans les villages : on s'enfuit dans les cavernes de rochers et au fond des forêts [1]. Vainement le roi de France essaya d'envoyer des émissaires pour ramener la confiance, on ne voulait ni croire à sa clémence, ni consentir à être Français. Le 18 juin, un édit d'amnistie générale, en faveur de tous ceux qui s'étaient déclarés contre la France, fut transmis à toutes les communes. Le mois sui-

---

[1] L'abbé Narbey : *les Hautes Montagnes du Doubs.*

vant, le roi fit remise d'une somme de 3,000 francs qu'on devait payer à l'Espagne pour l'entretien des armées. Ces marques de bienveillance rassurèrent enfin peu à peu, et l'on se résigna au nouvel état de choses.

Pour s'attacher le pays, Louis XIV réforma l'administration. Les intendants du roi et ses subdélégués furent substitués aux châtelains et aux anciens administrateurs. Divers châteaux furent détruits. La démolition du château d'Usier date de cette époque ; celui de Maillot subsista encore jusqu'à la fin du XVIIIᵉ siècle.

Les anciennes circonscriptions administratives furent modifiées. Le nombre des bailliages fut augmenté [1]. Évillers, qui était du bailliage de Dole, fut rattaché au bailliage d'Ornans ; le reste du pays d'Usier, à celui de Pontarlier. Les libertés de la province furent sacrifiées au principe de la centralisation, chère à Louis XIV. Les communes furent tenues en une tutelle plus étroite qu'auparavant. Quand elles voulurent faire une dépense un peu considérable, elles durent adresser une requête à l'intendant et se soumettre aux lenteurs de la bureaucratie [2]. Elles restèrent libres toutefois de se réunir en assemblée délibérante sans autorisation préalable, de nommer à la pluralité des voix le recteur d'école, les échevins, les gardes forestiers, les messiers ou gardes champêtres.

Quant aux impôts, ils ne cessèrent d'augmenter d'année en année ; on constata bien vite qu'ils étaient plus lourds que les anciens droits féodaux, qui se payaient le plus souvent en nature. Il fallut bien se résigner.

Au point de vue ecclésiastique rien ne fut changé aux anciennes circonscriptions : la paroisse d'Usier, dont le curé résidait à Goux, dépendait du doyenné de Warasch. Les prêtres desservant les paroisses de Sombacourt, Évillers

---

(1) Quatorze au lieu de trois. L'étendue du bailliage n'égalait pas tout à fait l'étendue d'une sous-préfecture actuelle.
(2) Voir l'abbé Narbey : *les Hautes Montagnes du Doubs.*

et Septfontaine étaient les vicaires du curé d'Usier, nommés par lui. La cure d'Usier elle-même était sous le patronage de la faculté de théologie de Besançon, à laquelle le prieuré de Mouthier était uni depuis la fin du XVIIe siècle.

La tenue des registres de l'état civil, qui étaient entre les mains du curé de chaque paroisse, fut régularisée par une ordonnance de 1736, qui en prescrivit la forme et ordonna qu'ils fussent cotés et parafés par le lieutenant du bailliage. Dès lors ils furent rédigés en français et signés.

En résumé, le pays d'Usier jouissait, quand la Révolution est venue, d'un bien-être croissant et d'une autonomie très large depuis près de trois siècles. L'état des fortunes était à peu près ce qu'il est aujourd'hui, les propriétaires étaient fort nombreux (ou plutôt chacun l'était), et les terres, très morcelées. On en peut voir la preuve dans les terriers et les titres qui nous restent du XVIIe et du XVIIIe siècle.

Aussi les promesses de liberté et d'égalité n'eurent pas le don, en 1789, d'enthousiasmer les populations, qui ne demandaient que quelques réformes [1], au lieu d'une révolution. Du reste, l'ingérence tyrannique des autorités révolutionnaires dans la vie religieuse, dans la vie communale, et jusque dans la vie privée des habitants, révéla bien vite ce qu'il en était de ces promesses et fit regretter les libertés du passé, que ne compensaient pas l'émancipation et le droit de vote en matière politique.

[1] Les principales réformes désirées consistaient dans une plus égale répartition et un meilleur mode de perception des impôts.

ÉVILLERS-SOUS-USIER

Le nom d'Évillers, ou Esvillers, qu'on trouve écrit au
XIIIe siècle Esviler, et plus tard, dans les registres rédigés en latin, « in Esvillario, » signifie littéralement
groupe de fermes. Évillers-sous-Usier pourrait donc se
traduire équivalemment : Aux fermes d'Usier, ou près
d'Usier. Le village d'Évillers paraît aussi ancien que les
autres villages du val d'Usier. Il est mentionné dans les
mêmes chartes; une chapelle y est signalée dès le
XIIIe siècle; enfin, l'église a été érigée en chapelle vicariale aussitôt qu'à Sombacourt et à Septfontaine. Le
village s'est d'abord développé très rapidement, puis il
est resté longtemps à peu près stationnaire.

Hameau de la seigneurie d'Usier au XIIe et au XIIIe siècle, paroisse (chap. VII) à la fin du XVe, Évillers com-
mence peu de temps après à former une commune indépendante sous l'autorité amoindrie des châtelains de
Maillot. Au XVIIe, il fait partie du bailliage d'Ornans ; en
1790, il devient une des communes du canton de Goux et
du district de Pontarlier. Ce n'est qu'un peu plus tard
qu'il a été rattaché au canton de Levier avec les autres
communes du val d'Usier.

Il n'est plus possible aujourd'hui, faute de documents,
de suivre le développement progressif du pays, de dire
exactement ce que chaque siècle a apporté pour le faire
enfin tel qu'il est. Nous donnerons surtout le tableau de
la vie religieuse et de la condition *matérielle* au XVIIe et
au XVIIIe siècle.

CHAPITRE PREMIER

LA PAROISSE D'ÉVILLERS ET LA VIE RELIGIEUSE

Le premier centre paroissial de la région fut sans aucun doute le prieuré de Mouthier (VIIIᵉ ou IXᵉ siècle). Jusque vers le XIIᵉ siècle, les monastères (prieurés ou abbayes) furent à peu près seuls à offrir aux populations clairsemées les secours religieux : aussi l'usage est-il resté dans toute la montagne de dire : aller au moutier [1], ou môtier, pour aller à l'église.

Il est possible que dès le Xᵉ siècle il y ait eu quelques habitations et une chapelle à Goux. Quoi qu'il en soit, elle n'est mentionnée qu'au commencement du XIIᵉ. Elle était déjà dédiée à saint Valère ou Vallier, martyr, archidiacre de Langres. Pendant trois siècles, ce fut le seul centre paroissial du val d'Usier [2]. Il n'était pas sans mérite, à une époque où les voies de communication n'existaient guère, de faire six kilomètres pour assister aux offices, surtout en hiver. Beaucoup de chrétiens d'aujourd'hui trouveraient sans doute que l'Église, en demandant dans ces conditions l'assistance à la messe chaque dimanche, met notre religion à une trop forte épreuve.

---

[1] Le mot mouthier, ou moutier, veut dire monastère.

[2] Le village où se trouvait l'église paroissiale d'Usier et où se rendaient tous les habitants du val, a continué à s'appeler Église. Ainsi les énumérations des localités de la seigneurie sont ainsi faites : Sombacourt, Bians, Goux, Église, Évillers, etc. En conséquence, la locution « aller au Moutier » n'est pas restée dans le langage d'Usier, parce qu'il n'y avait pas de monastère au centre paroissial.

C'est à la fin du xvᵉ siècle, avons-nous dit, que l'église d'Évillers, dédiée à la sainte Vierge sous le vocable de l'Assomption, fut érigée en chapelle vicariale, c'est-à-dire qu'elle posséda un prêtre résidant qui toutefois ne cessa pas, jusqu'à la Révolution, d'être vicaire du curé d'Usier, nommé par lui, rétribué par lui sur le produit des dîmes affectées à cette destination.

A partir de ce moment, Évillers posséda tous les organes d'une communauté indépendante : église, école, fabrique dotée et régulièrement administrée.

Nous allons parler successivement : 1° des prêtres qui ont administré la paroisse; 2° de la fabrique ou luminaire, de sa dotation et de son administration; 3° des usages paroissiaux; 4° des fondations pieuses; 5° de l'école paroissiale; 6° enfin de l'église, ses reconstructions et restaurations.

§ 1ᵉʳ. — Les curés d'Évillers.

On les appelait autrefois vicaires en chef, comme on dit aujourd'hui succursalistes.

Il n'est pas possible de retrouver tous les noms des prêtres qui ont administré la paroisse au xviᵉ siècle. Une chapellenie sous le vocable de sainte Barbe ayant été fondée dans l'église d'Évillers par Réginald Porcelet, le premier chapelain fut institué le 9 juin 1515. Il s'appelait Guillaume Lièvremont. Plusieurs prêtres du nom de Porcelet (ou Pourcelot) furent successivement chapelains au cours du xviᵉ siècle. En 1576, nous trouvons le vicaire chapelain Antoine Porcelet mentionné sur un contrat de vente [1].

(1) En 1690, la chapellenie échut au vicaire Pierre Bailly. Nous parlerons plus loin d'une autre chapellenie de Saint-François d'Assise fondée en 1707. Il paraît qu'une troisième chapellenie (de Saint-Claude) aurait été fondée au xviᵉ siècle. Il n'en est pas question plus tard. (Archives de la préfecture.)

A partir de 1604, nous avons la série complète sans interruption; nous la donnons jusqu'à ce jour [1] :

1° Jacques Humbert, 1604-1609.

2° Claude Guyon, 1609-1617, d'Évillers.

3° Anatoile Cattet, 1617-1621.

4° Pierre Garnier de Sombacourt, 1621-1645. Il occupa le vicariat pendant les années terribles de la peste et de la guerre de Dix ans. Sa sœur Marthe fonda pour le repos de son âme une messe d'anniversaire qui a été acquittée le 29 juin de chaque année jusqu'en 1807.

5° François Mercier, d'Ornans, 1645-1647.

6° Antoine Saunier, de Reugney, 1647-1657. C'est lui qui érigea dans l'église d'Évillers la confrérie du Rosaire; il était probablement parent de Dom Joseph Saunier, évêque d'Andreville, suffragant de Mgr l'archevêque de Besançon, prédicateur distingué, abbé de Saint-Vincent de Besançon, mort en 1681. Le portrait de ce prélat est à Évillers, dans l'ancienne maison Saunier.

7° Jean Coste, de Vésigneux, 1657-1658.

8° Claude Picquard, de Vuillafans, 1658-1668. En 1665, pendant son vicariat, eut lieu une visite mémorable des paroisses de la région par Mgr Antoine-Pierre Ier de Grammont, qui séjourna cinq jours à Goux, et donna la confirmation aux enfants de la paroisse. Il était accompagné, entre autres, des deux chanoines Poncet-Parreau et J.-B. d'Orival, procureurs généraux de la cour archiépiscopale, qui firent la visite canonique des églises vicariales et y furent reçus solennellement. Deux religieux, un capucin et un jésuite, avaient précédé pour préparer par des prédications la visite de l'archevêque.

(1) Les curés d'Usier dont les noms ont été conservés sont : Étienne Baud, 1604 ; Louis Hugonnet, 1647-1648 ; Pierre Baud, 1700 (mort à Évillers en 1722, à soixante-dix-huit ans) ; Étienne Foblanc, 1710 ; Fr. Foblanc, 1722 ; Grég. Humbert, 1771 ; Louis Longchampt, 1775-1792. En 1566, une familiarité ou groupe de prêtres (originaires de la paroisse), fut fondée auprès de la cure d'Usier. Ils pouvaient être au nombre de six.

9° Claude Comte, d'Évillers, 1668-1682. Sous son administration, en 1675, les fabriciens ou luminiers firent reconnaître authentiquement, par-devant le notaire du lieu, les propriétés et rentes de la fabrique [1].

10° Antoine-François Allemand, 1682-1685.

11° P. Bailly, 1685-1704. Ce vicaire essaya de relever l'observation des statuts des confréries, et fit rédiger en 1692 le procès-verbal des comptes. Il tenta d'amener les paroissiens à signer les actes de baptême et de mariage : mais il ne réussit pas. Nous trouvons un seul acte de baptême et un seul acte de mariage munis des signatures.

12° F. Carmillet, 1704-1731.

13° Denis d'Houtaud, d'Ornans, 1731-1753. C'est lui qui commença à appliquer, dans la rédaction des registres de l'état civil, l'ordonnance de 1736. Sous son vicariat, l'église fut reconstruite : en 1745 et 1746, on fit la nef et les voûtes; en 1748, on fit le porche et on exhaussa le clocher. Nous avons de la main de M. d'Houtaud un carnet des revenus de l'église et des confréries. Il est mort à Évillers.

14° Fr. Vieille, de Bulle, 1753-1758. Pendant son vicariat, on fit le retable du maître-autel, 1756; un tabernacle en bois sculpté, 1756, qui a disparu; enfin la chaire et les confessionnaux. Impotent dans la dernière année de sa vie, il se fit suppléer de janvier à septembre 1778 par les capucins de Vuillafans. Sa dépouille repose sous le porche de l'église.

15° Monnier, 1778-1784. Mort à Évillers.

16° J.-B. Jouffroy, 1784-septembre 1792, puis 15 août 1801-mai 1803. Il prêta en 1791 le serment avec restriction, partit pour l'exil en septembre 1792. Revenu le 15 août 1801, il administra provisoirement la paroisse jusqu'à ce

[1] Cet état des propriétés et rentes de la fabrique est conservé aux archives de la paroisse.

qu'un prêtre eût été nommé par l'archevêque en exécution du concordat. Il fut depuis curé de Boujailles.

17° Cl.-Alexis Gannard, de Longeville, 1803-1830, était vicaire en chef à Bief-des-Maisons (Jura) avant la Révolution. Sous son ministère fécond, furent peu à peu et péniblement réparées les ruines accumulées pendant les années précédentes, comme il sera raconté plus loin. Il est mort retiré à Longeville.

18° Napoléon Faivre, de Courvières, 1830-1858. Pendant sa longue administration, eut lieu la restauration de l'église en 1845, et la construction par souscription du monument à Notre-Dame d'Espérance, au sud du village, en 1855. Sa sépulture est dans la nef de l'église. Il a laissé dans la paroisse le souvenir encore vivant d'un prêtre très zélé et très actif.

19° Cl.-Antoine Thomas, 1858-1861. A son départ, la paroisse fut vacante depuis le mois de juin jusqu'au 1er janvier 1862.

20° Narcisse-Alexandre Racle, de Sombacourt (janvier 1862-mai 1866). Prêtre distingué, successivement professeur suppléant de philosophie à Vesoul, vicaire de Vesoul pendant quatre années, professeur de philosophie et aumônier du collège de Gray, il occupa ses loisirs de curé d'Évillers à écrire pour une revue théologique (*les Conférences diocésaines*). M. de Vaulchier a écrit sur M. Racle une notice nécrologique élogieuse dans le numéro du 31 août 1869 des *Annales franc-comtoises*.

21° Jean-Pierre Renaud, de Velloreille-lez-Choye, 1er juin 1866-avril 1871. Mort de la petite vérole, contractée au chevet d'un malade, il est enterré dans la nef de l'église.

22° Fr.-Joseph Baud, de Bians [1], avril 1871-septembre 1892.

23° Ch. Huot-Marchand, de Bretonvillers, octobre 1892.

(1) Entouré de l'affection et de la vénération de tous, M. l'abbé Baud jouit en ce moment, au milieu des siens, d'un repos bien mérité après

§ 2. — *La fabrique ou le luminaire.*

Dès les premiers temps de sa fondation, l'église apparaît très convenablement dotée, et (chose remarquable) tout son patrimoine s'est formé pièce à pièce par les habitants, sans l'intervention d'aucun riche donateur étranger. A peu près tous y contribuèrent dans une certaine mesure, et ce fut l'œuvre de peu d'années. L'esprit d'initiative était très développé au xvie et au xviie siècle chez les paysans. Chacun s'intéressait très vivement à la prospérité des œuvres paroissiales, tenait à contribuer pour sa part à la splendeur du culte.

Le premier rentier (ou état des propriétés et rentes de l'église) dont nous connaissons la date fut établi en 1544 par le notaire Fr. Ramey. Il n'existe plus.

En 1675, les fabriciens firent reconnaître authentiquement les propriétés, rentes et redevances quelconques établies au profit de la fabrique. Ce rentier, qui forme un cahier très compact, est conservé dans les archives de la paroisse. En 1675, le luminaire possédait environ quarante journaux de terre arable, trente et une *soitures* et demie (ou *fauchées*) de pré, quatre ouvrées et demie de *curtils*. On lui payait en nature sept hémines de froment, une ou deux livres de cire, environ neuf gros en monnaie du pays [1]. Enfin les habitants lui devaient un certain nombre de journées de travail pour ensemencer ses terres.

Au cours du xviiie siècle, les revenus du luminaire s'accrurent encore. L'inventaire des ressources de la fabrique, fait en conformité du décret de l'Assemblée natio-

cinquante ans d'un sacerdoce actif qui a révélé, en même temps que son expérience et sa piété, sa bonté et sa modestie.

[1] Le total des recettes s'élevait, en 1713, à 441 liv. 8 s. 2 d., et les dépenses à 222 liv. 12 s. 4 d.

nale en 1791, lui attribue environ cent francs de rentes sur divers particuliers.

Il ne faut pas oublier que la fabrique était chargée d'acquitter sur ces revenus une grande quantité de fondations pieuses. C'en était le principal emploi; le reste servait à faire face aux dépenses intérieures et ordinaires de l'église. A la communauté incomba toujours la charge des dépenses extraordinaires.

Les *luminiers*, appelés aussi *scabins*, élus par les paroissiens, étaient toujours deux en exercice. Leurs attributions étaient de veiller à l'entretien intérieur de l'église, de procurer le nécessaire pour les fonctions du culte, de percevoir les redevances [1], et de faire acquitter les charges des fondations. C'étaient les luminiers qui tenaient la sacristie, préparaient les offices des dimanches et fêtes, autrement dit, faisaient les fonctions de sacristains. Ils n'étaient pas rétribués, et pourtant l'on remarquera plus loin que la multiplicité des fêtes et offices et la variété des cérémonies les appelaient fréquemment à l'exercice de leurs fonctions.

Comme toutes les églises, celle d'Évillers fut dépouillée par la Révolution du patrimoine que les siècles lui avaient peu à peu formé. Ce fut, il faut le reconnaître, au grand regret de la population. La vente était à peine effectuée, que la municipalité, apprenant qu'ailleurs on avait obtenu restitution des biens aliénés, délégua un de ses membres, Ch. Corbet, pour faire les démarches nécessaires en vue de l'annulation de cette vente. (Délibér. du 31 janv. 1792.)

Le décret du 7 thermidor an XI n'a restitué à la fabrique d'Évillers que quelques capitaux dont la commune avait pris la charge, et quelques rentes sur particuliers. Quelques terres furent toutefois, dès cette époque, remises à sa

---

[1] Le jour de *Monsieur* saint Blaise, tiers jour de février, était le jour principal des échéances.

disposition. Sans les subventions annuelles de la commune, elle serait aujourd'hui dans l'impossibilité de faire face aux plus strictes nécessités de l'exercice du culte.

§ 3. — *La vie paroissiale (fêtes, coutumes locales, etc.).*

Aux premiers temps de l'existence de la paroisse, c'est autour de l'église que se concentrait toute la vie du pays. La paroisse n'étant pas distincte de la commune, l'église n'était pas seulement le lieu de prière; c'était le centre autour duquel se traitaient le plus souvent les affaires publiques : c'était la vraie *maison commune*. L'esprit religieux n'ôtait pas le souci des intérêts temporels, et le soin du temporel ne 'tuait pas la vie religieuse. Au contraire, la religion, qui est le premier lien social, développait et entretenait un esprit de solidarité et d'initiative pour l'intérêt général, dont nous n'avons plus une idée exacte. L'individualisme et l'égoïsme, qu'on a vus se développer plus tard, sont un des fruits de l'affaiblissement de la foi.

Le curé, qui avait la garde des archives de l'état civil, la direction et la surveillance de l'école, apportait en outre son concours dans les choses d'ordre purement temporel. Les annonces du prône portaient à la connaissance des habitants tout ce qui les intéressait. On y donnait toutes les communications de l'autorité civile, judiciaire et ecclésiastique; on y annonçait les élections d'échevins, de luminiers, du recteur d'école. Au sortir de l'office, on délibérait sur les objets indiqués : le curé et le recteur d'école prenaient part comme tout le monde aux délibérations.

Ce mélange de la vie religieuse à la vie civile nous fait comprendre pourquoi le peuple portait un si vif intérêt aux choses de l'église. La tendance de notre siècle à tout *laïciser*, c'est-à-dire à supprimer de partout l'élément religieux, produit et produira de plus en plus le résultat

3

contraire. La religion n'est pas une chose qui doit se juxtaposer à la vie sociale, mais elle doit la pénétrer, comme le sel entre dans les aliments, le levain dans la pâte, suivant la comparaison évangélique, et c'est ainsi qu'on comprenait son rôle autrefois.

Aujourd'hui, dans la plupart des paroisses de campagne, c'est sur le curé que retombent toute l'initiative et toute la responsabilité en ce qui concerne l'organisation du culte, l'entretien de la sacristie, la direction des confréries pieuses, l'ordre des offices et la pompe des cérémonies. Du côté des fidèles, ce n'est pas le plus souvent de l'hostilité ni même toujours de l'indifférence qu'il rencontre, c'est une inertie étonnante. On est flatté que l'ordre règne dans l'église, que les solennités soient bien célébrées, on tient quelquefois à être inscrit au registre des congrégations ou confréries; on contribue de sa bourse; quant à contribuer de sa personne, on s'y prête malaisément : toute impulsion doit partir du curé.

Il en était tout autrement aux siècles passés. Le curé était assurément, dans la paroisse, le directeur, mais pas le moteur. Sa mission était de régler, de modérer au besoin l'initiative des fidèles. Très fiers de leurs usages, les paroissiens veillaient à leur conservation, y ajoutaient par voie de fondation (à la suite de vœu, en mémoire d'un événement ou en souvenir des morts) de nouvelles cérémonies auxquelles ils s'intéressaient vivement. De cette sorte, l'église avait pour eux un puissant attrait.

Nous possédons un fragment de calendrier [1] des fêtes et cérémonies locales, telles qu'elles se trouvaient établies à Évillers au XVIIe et au XVIIIe siècle. Du 1er janvier au 31 décembre, il n'est pas de semaine et presque pas

_____

[1] Il manque le propre du temps, et les mois de septembre, octobre et novembre.

de jour qui ne soit occupé par une fête [1], ou quelque commémoraison intéressant soit la paroisse entière, soit quelques familles.

On ne lira pas sans intérêt quelques détails extraits de ce calendrier établi d'abord en 1670 et complété peu à peu jusqu'à la fin du siècle suivant.

Fêtes particulières du 1er janvier au 1er septembre :

17 janvier. *Saint Antoine.* Premières vêpres dès la veille, messe et vêpres solennelles le jour de l'incidence; service pour les défunts le lendemain.

20 janvier. *Saint Sébastien*, fête de vœu [2], à la dévotion des habitants et à la charge des échevins ou prud'hommes.

2 février. Bénédiction du saint Sacrement comme les dimanches. Il se fait en ce jour, comme le 6 janvier et le 26 juillet, une offrande de froment par chaque feu.

3 février. *Saint Blaise.* Anniversaire des confrères du Rosaire. Les luminiers perçoivent en ce jour les redevances en nature au profit du luminaire.

6 juin. *Saint Claude.* Procession à Longeville. Les échevins et les luminiers sont chargés d'organiser la procession et de fournir à Longeville le dîner du desservant et des clercs [3].

2 juillet. Fête de vœu, messe pour la paroisse.

26 juillet. *Anniversaire de la dédicace de l'église.*

15 août. *Assomption de la sainte Vierge*, fête patronale. La veille au soir, chant de matines et laudes.

(1) On a quelquefois reproché à l'Église d'avoir chargé les calendriers de fêtes chômées. Or le plus souvent ce n'était pas l'Église qui les avait introduites ou les maintenait ; c'étaient les fidèles, c'étaient les autorités civiles elles-mêmes. Exemple : l'Immaculée Conception, maintenue, 1643, à la suite de réclamations du Parlement de Besançon et du gouverneur de la province.

(2) Cette fête de vœu est-elle un souvenir de l'année terrible 1639? C'est précisément à cette époque de l'année que les Suédois de Weimar étaient devant Pontarlier.

(3) A certaines fêtes, la fabrique devait un repas *(past)* au vicaire et aux clercs. Ainsi elle devait le *past* des Rogations et le *past* de Noël (compte de 1713).

16 août. *Saint Roch*, fête de vœu, messe à la dévotion des habitants. Bénédiction du saint Sacrement.

4 décembre. *Sainte Barbe*, fête de vœu : bénédiction du saint Sacrement.

Chaque mois, le premier dimanche, le célébrant allait avant la messe réciter le *Salve Regina*, à l'autel du Rosaire. Après la messe, il y récitait le *De profundis*, le *Libera me* et les autres prières de l'absoute.

Chaque dimanche, la bénédiction du saint Sacrement se donnait ainsi : on exposait le saint Sacrement au chant de l'hymne *Verbum supernum prodiens*. A la strophe *O salutaris hostia*, le prêtre faisait par trois fois l'ostension de l'adorable Sacrement. Après le chant de l'hymne, le célébrant récitait l'oraison : *Deus qui nobis*. Ensuite on chantait le *Tantum ergo*. Aux mots : *sit et benedictio*, le prêtre se tournait vers le peuple et donnait la bénédiction. L'office se terminait par le *Salva nos*, la récitation du *Miserere* « et autres suffrages accoutumés pour les trépassés. »

Aux fêtes de la sainte Vierge, on terminait les vêpres par l'*Angelus*.

Nous n'avons pas trouvé trace des coutumes spéciales observées dans l'administration ou la réception des sacrements. Nous constatons seulement, d'après les registres, que les paroissiens présentaient leurs enfants pour le baptême immédiatement après la naissance, ordinairement le jour même, au plus tard le lendemain.

§ 4. — *Des fondations pieuses pour le soulagement de l'âme des trépassés.*

Quand on entre dans une église de ville ou de campagne, le soir de la Toussaint, on constate que le souvenir des morts n'est pas sorti des traditions du peuple. Hélas ! il s'est souvent transformé, avec la diminution de la foi, en une pratique stérile. On *manifeste en l'honneur* des morts : et dans cette *manifestation*, les survivants pensent plus à eux-mêmes et à la satisfaction de leur amour-propre qu'à l'âme des défunts.

La dévotion des fidèles s'inspirait jadis d'autres principes, qui sont les vrais principes de la foi catholique. Pas de monuments ambitieux sur les tombeaux : seulement la croix de bois ou de pierre. L'église de la paroisse, au centre des sépultures, tenait lieu de tout autre monument; mais là, le souvenir des défunts était conservé religieusement, perpétué dans des prières fondées pour le repos de leur âme. C'étaient des services religieux, tantôt pour les associés d'une confrérie, tantôt pour les défunts d'une famille, tantôt pour quelqu'un en particulier. Dès le xviie siècle, les fondations de messes s'étaient tellement multipliées que tous les jours de l'année auraient à peine suffi à un seul prêtre pour acquitter toutes les intentions. C'est pourquoi de bonne heure s'établit l'usage de faire d'autres fondations : absoutes, bénédictions du saint Sacrement, *Miserere* à la fin de l'office, *Angelus* après les vêpres, prières à l'autel de la sainte Vierge avant ou après la messe, etc. D'autres fois, toujours en mémoire des morts, on fonde une lampe à entretenir durant l'octave de Noël ou pendant l'octave du Saint-Sacrement.

En dissipant les revenus de l'Église et des confréries, la Révolution a amené l'extinction des charges qui y étaient attachées : la restitution de quelques rentes, par le décret du 7 thermidor an XI, a cependant permis d'en maintenir quelques-unes à Évillers [1].

Une autre manière de consacrer la mémoire des

---

[1] Parmi ces rentes sur particuliers, il y en a une de 2 fr. 65 qui n'a pas cessé d'être payée par les héritiers du fondateur depuis le 12 juin 1612; une autre a été constituée par acte du 20 juillet 1673; une autre de 1736, une autre enfin du 17 mars 1787.

défunts d'une famille, en soulageant leur âme, était la fondation d'une chapellenie. Plusieurs chapellenies ont été fondées à diverses époques dans l'église d'Évillers. Nous en parlons ailleurs.

§ 5. — *Les confréries.*

Les associations pieuses établies ou rétablies depuis la restauration du culte, en 1801, ne donnent pas une idée exacte de ce qu'étaient les confréries avant la Révolution. C'étaient des établissements analogues à la fabrique, capables de posséder, d'hériter, administrés par des recteurs ou gouverneurs soumis à l'élection. Les confréries avaient des ressources consistant en biens-fonds et en rentes; elles avaient des charges, consistant en célébrations de solennités, frais de sépulture des indigents, prières pour les défunts. Les recteurs avaient quelquefois certaines attributions fixées par les statuts.

Nous trouvons à Évillers, dès le commencement du XVIIe siècle, trois confréries florissantes : la confrérie de Saint-Antoine, celle du Mont-Carmel, celle du Rosaire.

Confrérie de Saint-Antoine. — C'est la plus ancienne. Elle est très probablement antérieure au XVIIe siècle. On peut présumer que la dévotion à saint Antoine a été rapportée d'Orient à l'époque des Croisades. Au XVIe siècle, Goux avait une chapelle dédiée à ce saint et dont le seigneur d'Usier était patron.

Quoi qu'il en soit de son origine, la dévotion à saint Antoine fut très populaire au XVIIe et au XVIIIe siècle. La fête de la confrérie avait plus d'importance aux yeux des habitants que la fête patronale de la paroisse. Les confrères du voisinage et les parents des confrères y accouraient en grand nombre.

La veille de la fête, on chantait les premières vêpres, auxquelles les associés étaient tenus d'assister sous peine d'une amende de six blancs : la même obligation les appelait aux offices du jour et du lendemain (prières pour les morts).

Les statuts admettaient dans l'association toute personne de bonne vie, et fixaient les conditions de l'admission : le seul apport obligatoire consistait en un quarteron de cire pour le cierge qu'on devait porter à la messe les jours de fête pendant l'élévation, et aux funérailles des associés. La confrérie se chargeait des funérailles des indigents. Les gouverneurs devaient, en cas de querelle ou de procès, s'interposer pour accommoder les confrères. Ils étaient enfin chargés d'avertir les membres devenus indignes, et de les expulser, s'ils ne s'amendaient pas. On les renouvelait par l'élection.

Il ne reste dans les archives de l'église, concernant la confrérie de Saint-Antoine, que des titres de 1630 et années suivantes, une copie des statuts datée du XVIIe siècle, et la liste des associés depuis 1809.

Les biens de la confrérie furent, pendant la Révolution, adjugés aux hospices de la région. Le fondé de pouvoirs des hospices de Poligny rendit aux fabriciens d'Évillers, le 9 octobre 1811, un titre de rente au capital de 200 fr. moyennant versement d'une somme de 183 livres.

Confrérie du Mont-Carmel. — La chapelle du Mont-Carmel d'Évillers fut, sans doute, une des vingt-cinq dont Mgr Antoine-Pierre Ier de Grammont constata l'existence au cours de ses visites pastorales (1665). C'est aujourd'hui la chapelle de Saint-Joseph. On y conserve un tableau représentant saint Simon Stock recevant le scapulaire des mains de la sainte Vierge.

Au milieu du XVIIe siècle, la confrérie était déjà dotée. Nous possédons quelques titres de propriété datant de 1659 et 1683.

Les archives de la paroisse conservent aussi une liste des associés depuis 1650 environ, et, dans le registre, le procès-verbal de reddition des comptes en 1692 et 1694 [1].

En 1707, une chapellenie, dite de Saint-François d'Assise, fut fondée par Françoise Tissot, veuve Jean Guyon, à l'autel de Notre-Dame du Mont-Carmel [2]. Les familles Descourvières et Nand en avaient le patronage, et le chapelain devait appartenir à l'une ou à l'autre des deux familles, autant que possible. Le titre de chapelain ne l'empêchait pas d'occuper ailleurs un poste de curé ou de vicaire. Il avait la charge de quelques messes à acquitter. Nous ne savons quels étaient ses revenus.

Jusqu'à la Révolution, les chapelains ont été :

Jean-Jacques Descourvières, 1707-1729.

Pierre Vautier, 1729-1740.

Jean-François Descourvières, 1740-1759.

Jean-Fr.-Georges Descourvières, 1759-1766, mort curé de Mignovillars.

Fr. Vieille, vicaire d'Évillers, 1766-1778. M. Vieille était vicaire dès 1753.

Jean-Cl. Fèvre, 1779-1780.

Cl.-Joseph Descourvières, clerc, 1780.

La Révolution est venue interrompre la série en supprimant les revenus de la fondation.

Confrérie du Rosaire. — Sous l'impulsion d'une pieuse souveraine, la princesse Isabelle-Claire-Eugénie, qui gouvernait alors la Franche-Comté, les confréries du Rosaire se multiplièrent au commencement du xviie siècle [3]. Celle d'Évillers fut érigée en 1647.

Ce fut un des premiers actes du vicariat d'Antoine Saunier. Son nom figure en tête du catalogue des associés, continué et conservé depuis cette époque jusqu'à nos jours. La liste des confrères est précédée des prières et

(1) L'excédent de recettes est de 53 francs 7 gros en 1692, et de 32 francs 10 gros 2 blancs en 1694.
(2) Archives de la préfecture du Doubs.
(3) M. Suchet : *Notre-Dame du diocèse de Besançon.*

cérémonies pour la réception des associés, de la formule d'absolution *in articulo mortis*, et de la formule de bénédiction du cierge, qu'on devait tenir pour gagner l'indulgence plénière à l'article de la mort.

Suivant l'usage, la confrérie eut sa chapelle, et la chapelle fut ornée d'un tableau qui présentait au centre la sainte Vierge donnant le Rosaire à saint Dominique, et alentour les quinze mystères. C'était le don d'un pieux confrère qui ne jugea pas à propos de faire inscrire son nom, mais fit peindre au bas de la toile ces mots : *Celui qui l'a fait faire demande un Ave.*

La piété des fidèles ne tarda pas à doter la confrérie du Rosaire et sa chapelle. Au XVIIIe siècle, elle possédait plusieurs pièces de terre. Un recteur ou gouverneur et un trésorier étaient chargés de gérer les revenus, et de faire acquitter les fondations.

Parmi les fondations de cette confrérie, il y avait, chaque mois, un service pour les associés défunts, et chaque premier dimanche du mois, la récitation de certaines prières à l'autel du Rosaire.

A partir de la diffusion de la médaille miraculeuse, la chapelle du Rosaire, ayant reçu une statue de la sainte Vierge « conçue sans péché, » suivant le modèle répandu alors, a cessé d'être appelée la chapelle du Rosaire.

§ 6. — *L'école paroissiale.*

On entend souvent répéter que l'instruction du peuple date de vingt ou trente ans, ou, du moins, de la Révolution ; qu'auparavant, régnait la plus grossière ignorance. C'est une erreur qu'il n'est cependant pas difficile de réfuter victorieusement.

Dès qu'un prêtre fut attaché à l'église d'Évillers, c'est-à-dire dès le XVe siècle, l'instruction des enfants fut l'objet de sa sollicitude, et fut donnée sous ses yeux et sa direction [1] par des recteurs d'école, dont nous pourrions citer les noms presque sans interruption depuis 1576 [2].

Le recteur d'école fut quelquefois pris parmi les habitants, et plusieurs furent remarquables. Ordinairement, il était originaire de quelque village voisin.

Avant l'occupation française, le recteur d'école fut, quelquefois, tabellion ou notaire public du lieu. Il était aussi chargé d'assister le curé dans l'administration des sacrements. Pendant l'été, il redevenait cultivateur : quoi qu'il puisse en sembler de prime abord, ce cumul nuisait peu à son enseignement.

La préparation du recteur d'école était surtout pratique, et son enseignement, pour être moins encyclopédique que celui qu'on donne aujourd'hui, était peut-être mieux adapté aux besoins de l'époque et du pays. Généralement, il avait passé à l'école du presbytère, il en avait retenu assez de latin pour prononcer correctement la langue de l'Église, et comprendre les rubriques des livres liturgiques [3]. Quant à la science pratique des affaires, calcul pour les usages domestiques, rédaction de procès-verbaux, de contrats de vente ou de louage, il excellait [4].

(1) On pensait, avec raison, que le prêtre, à cause de ses études plus complètes, de sa mission d'éducateur de la jeunesse, avait compétence plus que d'autres pour diriger, encourager, soutenir au besoin de son autorité le maître d'école. On pensait aussi que la religion, qui doit pénétrer toute la vie, doit présider d'abord à l'éducation, et en faire la base ; enfin que le recteur d'école et le curé, concourant au même but, doivent marcher étroitement unis.

(2) Voici les anciens recteurs d'école dont le nom est resté : Pierre Laffond (1576) ; Blaise Pourcelot (1604) ; Dorre, de Bannans (1648) ; F. Saunier, d'Évillers (1673) ; Pierre Nand (1675-1685) ; Claude Descourvières (1689) ; Nicolas Prince, d'Évillers (1700) ; Nicolas Porterat, de la Rivière (1701) ; Claude Coste, de Vésigneux (1708) ; J.-Cl. Demiville (1709) ; J.-F. Descourvières (1715) ; Nicolas Grandvillemin (1728) ; Laurent Grand, d'Arc (1736) ; Pierre-Ant. Descourvières (1737-1757) ; J.-Cl. Descourvières (1757-1788) ; J.-B. Descourvières (1788) ; Jean-Laurent Guyon (1789).

(3) Le recteur d'école de 1675 (Pierre Nand) a laissé, sur un registre de confrérie, du latin de sa façon : il est à peu près correct.

(4) Le recteur d'école en fonctions au commencement de la Révolution était très distingué. Il fut secrétaire-greffier de la première municipalité. Il devint un peu plus tard président de l'administration cantonale.

C'est dans sa propre maison que le maître recueillait les enfants ; les programmes et règlements étaient fixés d'après les nécessités locales, et appliqués sous la surveillance du curé. Les six mois d'hiver étaient les mois de classe ; mais les journées étaient bien remplies ; cela suffisait pour que chacun pût acquérir les connaissances indispensables.

Au point de vue de l'instruction primaire, la génération de 1750, par exemple, pouvait presque soutenir la comparaison avec la génération actuelle. Sur cent actes de mariage consécutifs, enregistrés à partir de 1736, quatre-vingt-quatorze sont signés de l'époux, et parmi les six hommes qui ne savent pas signer leur nom, deux ou trois sont des ouvriers ou serviteurs à gages, étrangers à la localité.

L'instruction des filles était plus négligée. Un quart seulement signent au registre l'acte de leur mariage. Cette proportion diminue sensiblement à la fin du siècle.

Quelques hommes possédaient un peu plus que l'instruction primaire. On sait qu'autrefois, ainsi qu'il arrive encore aujourd'hui, le presbytère tenait une petite école de latinité, où des enfants qui se destinaient à l'état ecclésiastique commençaient leurs études secondaires. Or, les jeunes gens dont la vocation sacerdotale n'était pas reconnue solide, ou que leurs goûts ne portaient pas vers l'état ecclésiastique, n'étaient pas tentés d'aller grossir, comme de nos jours, le nombre des ambitieux déclassés. Ils demeuraient cultivateurs, et faisaient honneur à leur village et à leur famille.

Nous avons eu sous les yeux un certain nombre d'écritures indiquant une main habituée à manier la plume. De 1795 à 1800, le rédacteur des délibérations de la commune et des actes de l'état civil changea cinq fois : toujours c'est le titulaire qui se charge de ses écritures, et chez un seul nous constatons des incorrections notables et l'ignorance de l'orthographe.

La persécution révolutionnaire s'attaqua aux recteurs d'école, comme aux prêtres, et dans la plupart des villages, les écoles furent fermées comme les églises (afin, disait-on alors, d'étouffer la superstition et le fanatisme). Les maîtres qui voulaient continuer à enseigner durent, en 1792, prêter serment de fidélité aux lois révolutionnaires. Jean-Laurent Guyon ne prêta pas le serment, parce qu'il cessa ses fonctions. Deux autres habitants se présentèrent successivement pour le prêter, mais ils ne négligèrent ni l'un ni l'autre de formuler la restriction qu'avait faite l'abbé Jouffroy, de rester fidèles à leur foi, et « de n'enseigner qu'en conformité à la religion catholique et romaine, dans laquelle ils veulent vivre et mourir. » On sait que ce serment était regardé comme nul.

§ 7. — *L'église.*

Dès le XIIIᵉ siècle, une chapelle existait à Évillers. Nous ne savons ni son emplacement ni quelles étaient ses dimensions. On n'y fit pas de fonctions paroissiales jusqu'au XVᵉ siècle.

Vers la fin de ce XVᵉ siècle, si fécond en constructions d'églises et en érections de paroisses dans notre région [1], un vicaire résidant fut établi à Évillers. C'est alors qu'on construisit l'église qui a fait place à l'édifice actuel, et dont il reste le clocher,

Elle était de style gothique à ogive aiguë et voûtes basses. Les armes de la maison de Chalon-Orange sont sculptées sur le portail et sous le clocher, à la base d'une des nervures de la voûte.

. Elle était dédiée à la sainte Vierge, sous le vocable de Notre-Dame de l'Assomption ; l'anniversaire de la dé-

---

[1] On cite en l'année 1493 quatre consécrations d'églises : à Septfontaine, Sombacourt, Chapelle-d'Huin et Levier. C'est à peu près à la même époque qu'elles furent érigées en chapelles vicariales avec un prêtre résidant.

dicace se célébrait le 26 juillet. Elle avait deux chapelles dédiées, au XVIIe siècle, à Notre-Dame du Mont-Carmel et à Notre-Dame du Rosaire.

On dut, il y a cent cinquante ans, pour quel motif? on l'ignore, procéder à une reconstruction. En effet, en 1745, on décida de *relever la nef et d'exhausser le clocher*. Le travail fut exécuté en deux ans (1745 et 1746). On conserva, sans y rien changer, la partie inférieure du vieux clocher, mais on reconstruisit toute la nef. En 1748, on refit les voûtes du chœur comme celles de la nef, et on éleva le porche (*chapot*) qui protège la porte d'entrée contre le vent et la neige. Tous ces travaux coûtèrent ensemble à la commune, comme main-d'œuvre, trois mille quarante livres.

Restait à meubler l'église nouvelle : on s'y mit sans retard.

En 1756, la commune s'adressa à un Italien, nommé Francesco Marca, habitant Secy-sur-Saône, et lui demanda de faire un autel « *comme celui de Motte (Mouthe ?)*. » Il convint, pour neuf cents livres, de construire, avec l'autel, un retable, un relief pour les fonts baptismaux, représentant le baptême de Notre-Seigneur par saint Jean-Baptiste; enfin, quelques autres ornements destinés au chœur. Les habitants devaient fournir et amener sur place les matériaux : sable, chaux, pierre, gypse.

Quoiqu'un peu chargé de détails, le retable de Marca n'est pas sans mérite, et aujourd'hui encore, il décore très bien le chœur de l'église : il représente le couronnement de la sainte Vierge par la sainte Trinité, au-dessus d'une colonnade d'ordre composite, dont les chapiteaux et corniches sont placés obliquement contre la maçonnerie. De chaque côté de l'autel, au-dessus des portes de sacristie, on mit les statues de saint Grat, évêque d'Aoste, et de saint Guérin (invoqué pour la guérison des bestiaux malades).

Le travail de l'Italien Marca, exécuté au sable et à la chaux, recouvert d'un mastic de pierre blanche pilée, était garanti dix ans. Après cent quarante ans d'existence, il faut reconnaître, malgré quelques petits accidents, qu'il est très bien conservé, et que l'ouvrier fut consciencieux. Le relief des fonts baptismaux, les quatre grands docteurs de l'Église (saint Grégoire, saint Augustin, saint Ambroise, saint Jérôme), sculptés dans des médaillons ovales au-dessus de la boiserie du chœur, sont de la même matière, et en état de parfaite conservation.

Les autels des chapelles, beaucoup plus simples que le maître-autel, datent de la même époque. On y a placé, à la partie supérieure, les statues de saint Antoine (à cause de la confrérie), et de saint Claude, très vénéré autrefois et invoqué pour obtenir de Dieu d'être préservé de la grêle.

Cependant, l'autel n'avait pas de tabernacle. En 1758, les fabriciens firent marché avec un sculpteur du pays, demeurant à Goux, Augustin Fauconnet. Le tabernacle dont on convint devait être semblable à celui de Bolandoz, et en bois de tilleul, destiné à être doré. Pour cent cinquante livres, l'artiste s'obligeait à fournir en outre trois statues représentant la sainte Vierge avec l'enfant Jésus, saint Joseph et saint Antoine.

La chaire, qui paraît avoir été construite quelques années plus tard, est le plus bel ornement de l'église d'Évillers. De forme très gracieuse, très richement sculptée en bois de chêne, elle porte en haut-relief, sur les panneaux de la cuve, les quatre évangélistes. Des cartouches, des guirlandes de roses, des vases surmontés de flammes, ornent l'abat-voix et la rampe. Les deux confessionnaux, faits, en 1775, de la même main, méritent le même éloge que la chaire.

La chaire et les confessionnaux d'Augustin Fauconnet sont, avec les autels, tout ce qui nous reste de mobilier datant du siècle passé [1]. Malgré le bon esprit et la fermeté des habitants, la Révolution fit bien des dégâts. A la restauration du culte, beaucoup de choses étaient dans un état lamentable de délabrement : la tour du clocher, les fenêtres, les planchers, les bancs, la porte. L'unique cloche qui restait se trouvait fêlée ; pour la remplacer, on en fondit deux, qui furent bénites en 1816.

Il n'était pas possible de tout remettre en état dans quelques années. M. Faivre, nommé curé d'Évillers en 1830, trouva l'église bien nue ; il projeta immédiatement de la décorer. En 1845 et dans les années qui suivirent, elle fut littéralement transformée : tous les plâtres furent rafraîchis, le retable fut redoré, la voûte du chœur, peinte : quatre personnages allégoriques y furent représentés, avec des inscriptions indiquant l'idée du peintre : *adoratio, judicium, justitia, misericordia.*

L'artiste, nommé Reynes, décorateur du théâtre de Besançon, peignit en outre un chemin de croix, le tableau du maître-autel, deux anges au-dessus de l'arcade qui sert d'entrée aux chapelles, un décor théâtral sur la porte d'entrée.

Malheureusement, ces décorations à grand effet n'étaient pas de nature à durer longtemps; quarante ans n'étaient pas écoulés, que l'humidité, la poussière, avaient tout défraîchi, et donné un aspect misérable aux peintures naguère si éclatantes.

En juin 1880, Mgr Paulinier, étant venu donner la confirmation à Évillers, le constata. Le maire, en souhaitant la bienvenue au pontife, avoua franchement que l'église avait un besoin urgent de réparations intérieures. Il annonça à Mgr l'archevêque que la commune avait désormais des ressources disponibles, et s'engagea au

[1] Un inventaire des meubles de l'église (du 4 pluviôse an II) mentionne un pupitre ou lutrin de chêne sculpté qu'on gardait au chœur soigneusement enveloppé d'étoffe d'indienne.

nom des habitants à faire bientôt les travaux nécessaires. (Procès-verbal de la visite pastorale.)

En 1896, les circonstances ont enfin permis de mettre à exécution les promesses du maire de 1880 : les travaux, dirigés par un habile architecte, seront bientôt achevés, et l'église restaurée d'Évillers sera digne du bon renom de la paroisse, elle sera ce que doit être le temple catholique dans une commune qui, disposant d'importantes ressources, peut et sait faire honneur à ses habitants par la bonne tenue de ses édifices communaux.

CHAPITRE II

§ 1er. — *La commune.*

Nous avons dit comment, au XIe et au XIIe siècle, les villages d'Usier naquirent et se développèrent sous la protection du château. Il est clair qu'à cette époque, les divers hameaux qui composaient le domaine des seigneurs d'Usier ne formaient pas des communautés indépendantes. Il est même probable que le village d'Évillers ne commença à former un groupe distinct et plus ou moins autonome qu'à partir du moment où l'église fut érigée en chapelle vicariale. C'est à ce moment ou un peu plus tard que le roi d'Espagne concéda aux habitants des terrains communaux (avant 1566).

Tout d'abord, l'administration communale paraît très simple : tous les habitants y prennent part. En 1576, dans un acte de vente, presque tous les chefs de famille sont nommés comme stipulant et acceptant en leur nom et au nom des autres. Parmi les témoins, figurent en premier lieu le vicaire Anatoile Porcelet et le recteur d'école Laffond [1].

Jusqu'à la loi municipale de décembre 1789, cette règle d'administration sera observée : qu'aucun acte impor-

[1] Archives de la commune.

4

tant engageant la commune ne peut être conclu sans la présence et le consentement de tous les habitants, représentés par la majeure partie des chefs de maison, qui répondent de l'acceptation des autres, et qui d'ailleurs sont désignés par leurs noms comme stipulant et acceptant.

Ainsi, l'assemblée générale des habitants de la commune nommait le recteur d'école et les employés de la commune, et devait donner son consentement pour une vente ou un achat.

Les détails journaliers de l'administration étaient réservés aux deux échevins, élus annuellement par la population et dont l'importance grandit peu à peu à mesure que se compliqua la gestion des deniers communaux. C'étaient les échevins qui faisaient les fonctions de receveurs municipaux, percevaient les revenus et capitaux et payaient les dépenses.

Au XVII⁰ et au XVIII⁰ siècle, les règlements d'administration et de comptabilité n'étaient guère compliqués. On ignorait ce qu'était un budget, le mot même était inconnu. La gestion des deniers communaux n'avait d'ailleurs pas l'importance d'aujourd'hui : peu de recettes, parce que les produits de la terre et des forêts en particulier n'avaient pas la valeur qu'elles ont acquise depuis le développement des voies de communication ; peu de dépenses, parce qu'il y avait peu de routes et d'édifices à entretenir, pas ou peu de fonctionnaires à payer. Quand des travaux se présentaient, chacun y allait de sa personne, les ouvrages qui exigeaient une compétence spéciale étaient seuls réservés à des ouvriers entre les mains de qui les habitants amenaient les matériaux nécessaires. Ainsi, les travaux de l'église, en 1745, 1746 et 1748, ne coûtèrent à la commune, pour cette raison, qu'environ 3,000 livres d'argent déboursé.

En somme, la commune s'administrait très librement :

la participation de tous les habitants aux affaires publiques était de nature à empêcher de trop fortes erreurs et à sauvegarder tous les intérêts.

A l'égard des seigneurs ou du domaine, la commune n'avait pas d'obligations ni de servitudes onéreuses. En 1681, un terrain communal vendu 30 fr. est grevé d'une redevance de 13 gros, comme mouvant de la seigneurie d'Ornans, appartenant à Sa Majesté. En 1576, l'acheteur du bois de Montraboz (Dumoulin, bourgeois de Pontarlier) prend la charge de ce que les habitants pourraient avoir à payer au seigneur de Maillot, Claude de Scey : cette charge n'est pas spécifiée.

§ 2. — Condition des habitants.

Pour défricher et mettre peu à peu en valeur les terres que nous voyons aujourd'hui si fertiles, nous ne devons pas douter qu'il fallut de longues années de dur travail. Il n'y avait pas seulement à lutter contre la rigueur du climat et l'infécondité d'un sol couvert de forêts et de broussailles : la sécurité manquait, à cause des guerres fréquentes de château à château ; elles furent cependant plus rares ici qu'ailleurs. Quoi qu'il en soit, les relations des villageois avec leurs seigneurs étaient à l'origine celles d'une tutelle très étroite ; le seigneur fit payer cher la protection qu'il accordait. Mais elle était nécessaire ; les colons libres préférèrent souvent la sujétion de la mainmorte à leur liberté, afin d'échapper à la ruine dont ils étaient sans cesse menacés par le fait des guerres et des famines.

Une partie d'Évillers était sous la dépendance du château d'Usier ; une partie fut certainement sous la dépendance de Château-Vieux de Vuillafans, du XIIe au XVe siècle ; du château de Maillot, aux XVIe et XVIIe. Nous ne possédons pas assez de documents pour dire avec certitude quelle était la situation des uns et des autres avant le xvie siècle. Mais au xviie siècle, tous les habitants d'Évillers paraissent jouir d'une large liberté et d'une certaine aisance.

Si l'on considère surtout que la véritable aisance consiste à pouvoir satisfaire ses besoins réels, nous aurions tort de croire que les cultivateurs du xviie et du xviiie siècle étaient malheureux, parce qu'ils ne possédaient pas une foule de choses qui nous rendent la vie agréable [1].

Privés de voies faciles de communication, et surtout de moyens rapides de locomotion, ils achevaient souvent leur vie sans s'éloigner du pays natal, et ils devaient se suffire avec les ressources des pays. Leur nourriture, leur habillement, leur habitation, étaient donc simples, mais ne manquaient pas d'un certain confort. Leur bien-être était plus réel qu'apparent, et leur luxe, quand ils s'en accordaient, plus solide que brillant.

Le vin n'était pas sans paraître quelquefois sur la table des paysans : chaque fois qu'avait lieu une vente d'immeubles, on déterminait sur l'acte une somme destinée à payer les vins « du vendage. » En 1576, l'acheteur accorde aux habitants dix francs de vins [2]. Dans l'acte de vente de 1681, trois francs de vins sont donnés par l'acquéreur du lopin de communal vendu.

§ 3. — *Productions du pays et ressources des habitants.*

La culture des terres n'a pas notablement progressé depuis le xviie siècle ; on peut cependant noter quelques améliorations qui ne sont pas sans importance. On produisait à peu près comme aujourd'hui le blé, l'avoine et l'orge ; la pomme de terre, quoique connue en Franche-Comté dès le

[1] Le café était à peine connu à la cour de France en 1670, le sucre ne se vendait que chez les apothicaires au siècle passé.
[2] Il y avait de quoi en offrir à toute la population.

xviie siècle (1), n'était pas, comme elle l'est devenue, un
article important de l'alimentation. On pratiquait l'assole-
ment biennal, avec une année de repos ou de jachère,
qu'on appelait *soumart*. De sorte que quand une terre se
trouvait grevée d'une redevance en nature, le propriétaire
devait une mesure (2) de froment l'année où l'on cultivait le
froment, une mesure d'avoine ou d'orge, l'année suivante ;
il ne devait rien l'année de *soumart* (3). Aujourd'hui l'as-
solement est devenu triennal, parce qu'on cultive, après les
céréales, soit la pomme de terre, soit quelques légumineuses ; mais on continue d'appeler la *sole* où la culture des
céréales est remplacée par les légumineuses, les *sombres*
ou soumarts.

Le chanvre était beaucoup plus cultivé qu'aujourd'hui,
parce que les vêtements se confectionnaient en famille avec
les produits de la ferme. On a continué d'appeler chène-
vières (quoiqu'on n'y sème plus de chènevis), les terres
réservées autrefois pour cette culture.

La cire et le miel des abeilles paraissent avoir été de
quelque rapport ; un grand nombre de redevances à
l'église consistaient en cire. Comme le sucre et la bougie
stéarique étaient alors inconnus, le miel et la cire étaient
recherchés pour y suppléer.

Une clause de l'acte de vente du bois de Montraboz
indique qu'au xvie siècle on pratiquait l'élevage des porcs ;
les habitants se réservent en effet de pouvoir conduire
leurs troupeaux de porcs dans le bois vendu, depuis la
Saint-André jusqu'à l'Annonciation (4).

A quelle époque faut-il rapporter la première fabrication
à Évillers des fromages de gruyère ? Nous trouvons dans

---

(1) Importée d'Amérique par les Espagnols à la fin du xve siècle, elle fut
promptement connue dans les pays qui dépendaient de l'Espagne.
(2) La mesure s'appelait le *pénal*, moitié de l'hémine.
(3) Rentier de l'église d'Évillers. Archives de la fabrique.
(4) L'hiver était-il moins rigoureux qu'aujourd'hui ?

le registre des mariages qu'il y avait en 1744 un *fruitier* dans la localité. Il n'est pas invraisemblable que les Fribourgeois immigrés après la guerre de Dix ans (quelques-uns étaient de Gruyères) aient introduit à Évillers leur industrie à la fin du xviie siècle ou au commencement du xviiie. Quoi qu'il en soit, il est à croire que, faute de débouchés, la production fut d'abord très inférieure à ce qu'elle est devenue au cours de ce siècle.

La principale source de revenus était la vente du bétail. Dès l'origine des établissements au val d'Usier, il y eut des foires, soit à Pontarlier (celles de la Saint-Georges et de la Saint-Luc étaient particulièrement renommées dès le xive siècle), soit au val d'Usier. En 1258, le sire d'Usier se reconnaît vassal du comte de Chalon pour le marché d'Usier.

Ces foires et marchés amenaient chez les cultivateurs quelque numéraire : cependant les espèces d'or et d'argent étaient rares. Entre habitants du pays, il fut longtemps d'usage de faire un certain nombre de paiements en nature : la plupart des redevances à l'église s'acquittaient en blé, avoine ou cire ; jusqu'au xvie siècle, et même plus tard, les impôts étaient presque tous payés de la même manière.

Diverses monnaies ont été en usage en Franche-Comté, suivant les régimes, et quelquefois concurremment. La plus répandue aux xvie et xviie siècles est la monnaie dite de Bourgogne, ou monnaie comtoise : le franc, qui se subdivisait en douze gros : le gros valait quatre blancs [1]. La monnaie du chapitre de Besançon (le sou estevenant) est mentionnée en 1576. La monnaie espagnole eut aussi cours jusqu'à la fin du xviie siècle. En 1681, une somme de trente francs est ainsi payée : une pistole d'or au coin d'Espagne et un écu blanc. Au xviiie siècle, la

---

[1] Au xviiie siècle, le blanc était considéré comme équivalant à 3 deniers 1/3.

monnaie française est seule en usage : c'est la livre = 20 sous = 18 gros ; le sou = 12 deniers.

La véritable unité à laquelle il faut rapporter toutes les valeurs pour apprécier les fluctuations de prix des denrées [1], c'est la journée de travail. On peut affirmer que, toutes choses égales d'ailleurs, le rapport du prix d'un objet au prix d'une journée de travail ne varie guère; c'est-à-dire : il fallait autrefois pour payer un bœuf (année équivalente), autant de journées de faucheur qu'il en faut aujourd'hui.

Quels étaient donc les salaires au temps passé? Quand la Convention eut voté la fameuse loi du maximum, toutes les municipalités furent invitées à fixer pour l'année 1793 le maximum des salaires. On rappela les prix de 1790 et on ajouta moitié en sus. Voici les prix de 1790 :

Gage d'un domestique, 60 fr. plus une paire de souliers.

— d'une fille domestique, 36 livres.

Journée de chapentier, 18 sous.

— de faucheur, 15 sous.

— d'homme pour les moissons, 18 sous.

— de femme pour les foins, 10 sous 10 d.

— pour battre les grains en automne, 12 sous.

— pour battre les grains après la Toussaint, 7 sous.

— de couvreur, 18 sous.

— de cordonnier, 10 sous.

— de tailleuse ou couturière, 5 sous.

— de charron, 12 sous.

---

[1] Voici le prix de quelques denrées en 1656, dans la seigneurie de Scey et de Maillot :

Un muid de vin,	32 fr.
Une hémine de froment,	2 fr. 4 gros.
Un cheval de quatre ans,	8 pistoles ou 128 fr.
Une génisse d'un an,	16 fr.
Seize pieds d'arbres dont 8 noyers,	18 fr.

(*Histoire de Scey-en-Varais*, par M. l'abbé Favrot.)

§ 4. — *Les familles.*

Un des côtés louables du caractère des habitants de la montagne, c'est l'attachement au sol, c'est la stabilité. Si on met en regard les registres paroissiaux du xviiᵉ et du xixᵉ siècle, on constate que peu de noms sont changés. Ceux qui reviennent le plus souvent sur les registres de 1600 à 1650 sont déjà : Guyon, Paris, Descourvières, Comte, Marchand, Gagnepain, Prince (un peu plus tard). Quelques familles s'étant établies à Évillers vers cette époque, s'ajoutent peu à peu aux primitives : ce sont les familles Saillard (arrivée de Malpas), Saulnier (de Reugney), Reveney (de Sallanches, Savoie). D'autres viennent prendre place dans la grande famille paroissiale au cours du xviiiᵉ siècle : ce sont les familles Mignot (de Mouthe), Baud (de Bonnevaux-en-Montagne), Trouttet (de Dompierre), Corbet (de Flagey).

Si haut que nous remontions, nous ne trouvons à aucune époque des différences de conditions entre les habitants, sauf les inégalités inévitables de fortune et d'instruction. Dès le xviᵉ siècle, presque tout le monde est propriétaire et cultive son fonds. Nous le concluons de ce fait qu'il n'est pas un nom auquel ne se rattache quelque fondation ou libéralité au profit de l'église. Les fonctions d'échevin, de luminier, de recteur des confréries, et même de recteur d'école paraissent avoir été exercées, soit à une époque, soit à une autre, par quelque représentant de toutes les familles. Enfin presque toutes ont donné des prêtres à l'Église; nous pouvons citer [1] : les familles Descourvières, Guyon, Comte, Saunier, Mignot, Saillard.

[1] Probablement il y en a d'autres encore, car il n'est pas possible aujourd'hui de retrouver tous les noms des prêtres issus de la paroisse. On peut cependant ajouter aux noms énumérés plus haut la famille Gagnepain, puisque c'est une branche de l'ancienne famille Porcelet, qui, au xviᵉ siècle, fournit plusieurs prêtres.

Pendant les trois derniers siècles, le chiffre de la population d'Évillers a peu varié. De 1604 à 1614, la moyenne annuelle des naissances est de 11. Aujourd'hui (1884-1894) elle n'est que de 11.7. Nous ne trouvons d'écart notable à cette moyenne qu'à deux époques : après la guerre de Dix ans et la peste (1640) la population diminuera des deux tiers ; il lui faut un siècle pour remonter au chiffre primitif[1]. (En 1736-1746, la moyenne des naissances est de 11,8.) Depuis 1789 jusqu'à 1870, le chiffre croît sensiblement : vers 1850, les recensements donnent plus de 500 habitants : c'est le maximum ; depuis trente ans, le chiffre baisse, pour arriver en 1896 au chiffre des recensements de 1789 et 1792 [2].

Il serait fâcheux que cette diminution trahît un attachement moindre au sol natal. Car aimer sa petite patrie, c'est aimer les ancêtres dont les cendres reposent tout près, c'est aimer les traditions qu'ils ont laissées, c'est tenir à l'honorabilité du nom qu'on a reçu d'eux pour le transmettre intact aux générations futures, et il y a là une puissante sauvegarde pour la foi et les mœurs.

L'expérience du siècle présent n'est pas pour prouver qu'on trouvera plus facilement sur le pavé des villes la fortune et le bonheur. Si quelques-uns, parmi ceux qui sont sortis du nid familial, ont réussi, combien d'autres n'ont rencontré au loin que la misère, et n'ont rapporté que la ruine et le déshonneur !

---

(1) Les familles arrivées de Savoie et de Suisse après 1640 (voir page 21), disparurent peu à peu, à l'exception d'une, avant la Révolution. Les noms de trois d'entre elles sont restés attachés aux lieux dits : champ *Masson*, creux *Vallier*, combe *Chappuys*.

À la même époque (xviie siècle), achevèrent de s'éteindre plusieurs anciennes familles du pays, qui avaient été importantes : entre autres, les familles Pouthier, Porcelet et Namp ou Nand.

(2) La moyenne de la vie à Évillers, à cause de la salubrité du climat, n'est pas au-dessous de la moyenne générale, elle s'est un peu relevée au cours de ce siècle ; cependant, on trouve plus d'octogénaires au commencement du siècle et au siècle précédent qu'aujourd'hui. Les registres mentionnent deux centenaires de 1670 à 1750.

CHAPITRE III

LA PAROISSE D'ÉVILLERS PENDANT LA PÉRIODE RÉVOLUTIONNAIRE

La crise fameuse qui bouleversa toute la France de 1789 à 1800 mérite d'être racontée avec quelques détails : c'est l'honneur des habitants d'Évillers d'avoir gardé, durant l'épreuve, une attitude digne et calme, mais très ferme.

Pour comprendre l'accueil qu'ils firent au mouvement révolutionnaire, il faut rappeler en deux mots la situation.

Les abus de l'ancien régime, à propos desquels on a écrit tant de pages virulentes contre la société d'avant 1789, étaient à peu près inconnus dans les campagnes du val d'Usier. Depuis cent cinquante ans, il n'y avait plus de noblesse ni de château : la terre était au paysan, qui la cultivait suivant d'anciennes méthodes, mais en tirait sa vie et une certaine aisance. Les impôts étaient plus modérés que dans d'autres provinces ; le peuple était à peu près instruit comme on l'est aujourd'hui. Certaines réformes étaient souhaitées de tout le monde ; des progrès étaient à réaliser. Mais si la paix, la concorde, la simplicité des goûts, comptent parmi les premiers éléments du bonheur, on peut dire que la condition du peuple n'était pas sans douceur ni dignité.

La religion était une affaire, non seulement d'habitude, mais de conviction, et gardait sur les âmes un salutaire empire. Le prêtre n'était pas seulement le président des assemblées religieuses et le dispensateur des sacrements, c'était un ami, un conseiller qu'on écoutait volontiers en toute circonstance, « un pacificateur dont l'autorité ne trouvait pas de concurrence dans les orateurs de cabaret et les journalistes anonymes. » (J. Sauzay.)

§ 1er. — *Les commencements* (1789-1792).

Tant que la religion ne fut pas menacée, les paysans, suivant en cela l'exemple de leur curé, entrèrent donc volontiers dans le mouvement de réformes qui paraissait s'inaugurer.

Quand il s'agit de constituer la première municipalité en exécution de la loi du 14 décembre 1789 [1], les élections se firent avec une certaine solennité et le concours unanime des électeurs. Ils étaient 68, dont 57 éligibles, pour une population de 384 habitants. On commença par constituer le bureau de l'assemblée électorale, en choisissant un président et trois scrutateurs. L'abbé Jouffroy, vicaire en chef, fut élu président de l'assemblée à la presque unanimité des voix. On procéda ensuite par scrutins successifs et sans désemparer à l'élection : 1° du maire ; 2° de deux officiers municipaux ; 3° du procureur de la commune ; 4° de six notables [2]. (Registre des délibérations, 18 février 1790.)

Cet empressement à user des droits électoraux ne devait pas durer ; dès qu'on vit que la Révolution devenait hostile à la religion, les électeurs se mirent en grève. Aux élections de 1791, 27 électeurs seulement se présentèrent au scrutin, et le procureur de la commune ne fut élu que par 9 voix après trois tours de scrutin.

---

(1) Les derniers échevins furent Simon Baud et Pierre-Ignace Pâris.
(2) Les élus furent : J.-Cl. Guyon, maire ; J.-Cl. Descourvières et Cl. Jos. Bourdin, officiers municipaux ; Joseph Comte, procureur de la commune ; J.-Fr. Descourvières, Cl.-Ant. Comte, Cl. Reveney, J.-B. Saunier, J.-B. Mignot, P.-Ign. Gagnepain, notables.

Ce fut vers la fin de 1790 que les consciences commen-
cèrent sérieusement à s'alarmer. L'Assemblée avait voté,
le 12 juillet, la constitution civile du clergé, qui préten-
dait régir le catholicisme en France en se passant du
pape. On essaya immédiatement de l'imposer à tous les
diocèses et à toutes les paroisses.

D'abord on voulut modifier les circonscriptions paroissiales, afin d'en diminuer le nombre. Évillers refusa
énergiquement de se laisser rattacher à une paroisse voi-
sine (délibération du 3 janvier 1791), alléguant le chiffre
de sa population, 402 habitants, et la distance.

Quelques semaines après arrivait le décret prescrivant
aux prêtres de prêter le serment à la loi schismatique.

M. l'abbé Jouffroy aperçut bien vite la gravité et le
danger de la décision à prendre : allait-il laisser son
peuple sans culte en s'exilant immédiatement plutôt que
de prêter le serment ? Il demanda huit jours de délai
(28 janvier). Ayant réfléchi, ou peut-être consulté, il se
décida, dès le dimanche suivant, 31, à prêter le serment,
de manière à sauvegarder les droits de l'Église et du
souverain Pontife, « autant, dit-il, que le permet la religion catholique, apostolique et romaine, dans le sein de
laquelle je veux vivre et mourir. »

Les magistrats du district regardèrent ce serment
avec restriction comme un refus de serment. Immédiatement on avisa à remplacer les curés qui l'avaient ainsi
prêté. Ce n'était pas chose facile : le personnel schismatique manquait, et les paroissiens n'étaient pas disposés
à échanger leurs prêtres fidèles contre des schismati-
ques.

L'abbé Jouffroy resta donc à Évillers jusqu'au mois de
septembre 1792 [1]. Cette fois, il fallut bien s'exiler. Le

(1) Quelques paroisses voisines ne furent pas aussi heureuses et durent
subir des intrus : ainsi Lods et Mouthier. De Mouthier plusieurs paroissiens apportèrent leurs nouveau-nés à Évillers, pour ne pas se servir de

26 août 1792 avait paru un décret condamnant tous les prêtres catholiques à la déportation. Ils avaient quinze jours pour quitter la France : ceux qui n'obéiraient pas seraient transportés à la Guyane. M. Jouffroy ne se résigna qu'à la dernière extrémité à passer à l'étranger [1]. Le 19 septembre, eut lieu le premier enterrement sans prêtre. Le 2 novembre, la municipalité choisissait un officier de l'état civil en remplacement du curé, et faisait transporter les anciens registres de la cure à la mairie. Quelques mois plus tard, les agents du district faisaient mettre les scellés sur les biens des ecclésiastiques exilés (Jouffroy et Mignot). La persécution violente est commencée ; elle va durer neuf ans.

§ 2. — *La Terreur* (1792-1795).

A partir de septembre 1792 jusqu'au 15 août 1801, la paroisse d'Évillers fut sans prêtre, sans offices, sans autres cérémonies religieuses que quelques réunions de fidèles qui, de temps en temps, se risquèrent à venir prier ensemble. En 1793, ces réunions furent même interdites, et le comble fut mis à la persécution par la profanation du lieu saint, la vente et la dispersion des objets du culte.

Le 31 octobre 1793, on recevait l'ordre de livrer les cloches pour être fondues. Le 2 frimaire an III, un arrêté du district ordonnait l'enlèvement des signes du culte et la fermeture de l'église ; quelques jours après, c'était une injonction d'avoir à conduire à Pontarlier la croix de fer du clocher, le bassin de cuivre des fonts baptismaux et les livres d'église ; enfin (16 frimaire),

l'intrus : entre autres M. Simonin de Vermondans, ancien lieutenant général au bailliage d'Ornans.

(1) M. l'abbé J.-B. Mignot, vicaire de Frasne, partait pour la Suisse à la même époque. Le passeport qui lui fut donné à cet effet est daté du 16 septembre.

l'ordre d'abattre sans délai les autels, confessionnaux et fonts baptismaux. (Registres de la commune.)

Malgré les menaces dont le district appuyait ses ordres, la commune ne se résignait pas à faire ces exécutions sacrilèges. Quelqu'un ayant suggéré qu'il suffisait d'enfermer dans le chœur par une clôture de planches tous les meubles de l'église, les magistrats de Pontarlier ne l'entendirent pas ainsi et se plaignirent que leurs ordres étaient mal exécutés.

Le 15 nivôse an III (janvier 1794), le commissaire Callier envoya un nouvel ordre de faire enlever tous les signes du culte et de transporter à Pontarlier tout ce qui serait d'argent ou de cuivre. Enfin, le surlendemain 17, le représentant Pelletier faisait ordonner « de célébrer les fêtes décadaires, de s'assembler dans le temple de la Raison pour y faire la lecture des lois et y prononcer des discours de morale pour l'instruction des citoyens. » (V. Registres de la commune.)

Bien entendu, cet ordre ridicule ne fut jamais exécuté.

Les paroisses du val d'Usier étaient, dit Sauzay, « si unanimes dans leur foi, qu'il fut impossible d'y former des comités révolutionnaires dignes de ce nom et même d'y trouver des dénonciateurs pour le comité central. »

La municipalité d'Évillers, en particulier, se montra constamment ferme : on lui avait demandé s'il y avait des suspects dans le village : elle répondit assez sèchement (le 12 mai 1793) : Il n'y a pas de suspects dans la localité. Aussi était-elle mal notée au chef-lieu : on la regardait comme « gangrenée d'aristocratie et infectée de fanatisme. » Un jour (juin 1793), fatigués de ces défiances, intimidés peut-être, le maire, J.-Cl. Guyon, et les deux officiers municipaux, J.-B. Mignot et J.-B. Descourvières, donnèrent leur démission : il paraît qu'elle ne fut pas acceptée. Le 14 octobre on les destituait.

Le parti de la Révolution ne gagna guère au changement. Non seulement on ne convertit personne au culte de la Raison, mais toutes les tentatives faites avant et après 1794 pour établir le culte constitutionnel échouèrent. Un jour, l'agent national de la commune ayant proposé au conseil de demander un curé à l'archevêque intrus, sous prétexte que d'autres paroisses en avaient, le conseil répondit : Notre demande serait sans effet, les prêtres étant très rares. D'ailleurs, c'est au curé de Goux à nommer son vicaire (et non à l'archevêque). Or, il n'y a pas de curé à Goux : qu'on aille, si l'on veut, au curé de Septfontaine [1]. (Délibérations de la commune.)

1793, 1794 (et même le commencement de 1795) furent pour Évillers des années auxquelles s'applique bien justement le nom de période de la Terreur. Non seulement la persécution religieuse sévit avec une férocité croissante; mais la suppression du commerce effarouché, la guerre, les réquisitions, dont on accabla de préférence les paysans fidèles à leur foi, tout se réunit pour faire souffrir les malheureux cultivateurs.

Pendant deux ans, le pays fut littéralement drainé, vidé, épuisé par les réquisitions de toutes sortes. Voici comment on procédait : l'administration envoyait ordre de recenser les provisions de graines, viande, fromages et beurre qui pouvaient exister dans chaque village. Quelques jours après, on taxait. Un jour, on réquisitionna toutes les avoines existant dans le canton de Goux (messidor an II). Un mois et demi plus tard, on demandait déjà au district de Pontarlier de fournir 60,000 quintaux de foin, 60,000 quintaux de paille et 30,000 quintaux d'avoine. Le conseil général du district réclama, se basant sur l'impossibilité de trouver ce qu'on demandait.

---

[1] L'abbé Racine, intrus de Septfontaine (janv. 1794), n'y put rester : la population refusa de le recevoir.

A la fin d'octobre, c'est le huitième des foins qu'on réclame; le 28 germinal, c'est le cinquième des grains, farines et légumes. Le registre des délibérations de la commune consigne ainsi vingt-cinq réquisitions, dans les deux années 1794 et 1795. On se demande ce qui devait rester pour la consommation locale, ou bien il faut reconnaître que le pays était riche et abondamment pourvu.

Les arrêts ne passaient pas toujours sans réclamation, malgré la menace « d'être puni révolutionnairement. » En décembre 1793, la commune d'Évillers dut réclamer énergiquement contre un arrêté du représentant du peuple ordonnant de conduire dans un grenier d'abondance tous les grains excédant la consommation de quatre mois.

Les guerres de la Convention ne consommaient pas seulement des subsistances, mais aussi des hommes. Le 12 mars 1792, on ouvrit à Évillers le registre pour l'inscription des volontaires. Deux jeunes gens seulement, de vingt-deux et vingt-trois ans, se présentèrent : J.-Jos. Comte et Jean-Ant. Paris. En septembre 1793, lorsque l'échauffourée qu'on a appelée la *petite Vendée* mit en émoi le district de Saint-Hippolyte, on demanda aux districts voisins des hommes pour aller combattre les « brigands. » Seize hommes furent levés à Évillers, après tirage au sort entre tous les citoyens valides de dix-huit à quarante ans (6 septembre). Ils partaient, hélas! contre des ennemis bien inoffensifs et qui d'ailleurs ne s'étaient armés que pour repousser l'oppression dont les catholiques étaient victimes. Ils n'eurent pas à combattre.

§ 3. — *De la chute de Robespierre au coup d'État de fructidor* (1795-1797).

Les conséquences de la chute de Robespierre (juillet 1794) ne se firent pas sentir immédiatement dans tout le pays. La persécution continua à sévir, avec peut-être de légères atténuations. Ce n'est qu'un peu plus tard qu'on éprouva un peu de soulagement à la suite de la réaction thermidorienne. Le 16 novembre 1794, le représentant Pelletier écrit non sans quelque découragement : Dans le canton de Goux les croix sont sur les clochers, les églises sont ouvertes les ci-devant fêtes et les dimanches ; à Sombacourt.... Évillers, on n'observe pas les fêtes décadaires (cité par J. Sauzay).

En février 1795, il sembla qu'on allait respirer ; une loi affecta de proclamer la liberté des cultes. Singulière liberté ! Les prêtres n'étaient pas autorisés à rentrer, les communes n'étaient pas autorisées à céder les églises : on interdisait toujours la croix sur les clochers, et toute cérémonie extérieure. Un ex-religieux essaya toutefois de profiter de cette soi-disant liberté pour s'offrir (septembre 1795) à faire les fonctions du culte « connu sous la dénomination de culte catholique dans l'étendue de la commune. » Il n'eut pas de succès : on lui donna acte de sa déclaration, mais on n'eut pas recours à ses services, parce qu'il avait prêté le serment constitutionnel.

Les vrais prêtres catholiques étaient vivement regrettés, et ils n'attendaient, eux aussi, qu'une circonstance favorable pour repasser la frontière. Quelques-uns se risquèrent dans le commencement de 1795 : en particulier l'abbé Longchampt, curé de Goux ; l'abbé Mignot, d'Évillers [1] ; l'abbé Descourvières, de Goux ; l'abbé Gannard, de Longeville (ancien vicaire en chef à Bief-des-Maisons). Ils exposaient leur liberté [2] et même leur vie ; mais on ne

---

[1] C'est de la main de M. l'abbé Mignot que sont tenus les registres des confréries en 1795. Ce digne prêtre est mort curé d'Aubonne. — Le *martyr* Dom Lessus est signalé comme ayant baptisé un enfant à Évillers (1793). L'abbé Jouffroy vint aussi en 1795 revoir ses paroissiens.

[2] L'abbé F.-X. Descourvières, de Goux, fut arrêté deux fois, et mis en prison, une fois à Pontarlier, et une fois à Paris. Comme il n'avait jamais exercé de fonctions dans une paroisse (il venait d'être ordonné), et comme il était d'ailleurs plein de courage et d'habileté, il se fit relâcher à Pontarlier ; à Paris il réussit à s'évader.

voulait recevoir les sacrements que de leur main. Ils les administraient en secret; de temps en temps ils présidaient quelque assemblée de fidèles. Survenait-il une alerte, ils se cachaient dans quelque maison amie (et elles étaient nombreuses) ou bien ils fuyaient dans les bois du *Désert*, ou se retiraient dans le creux de *la Fosse*.

En 1795, ils se montrent quelquefois sans être inquiétés. M. Mignot et M. Gannard se tiennent à la disposition des habitants d'Évillers : nous avons d'eux quelques actes de baptême (en 1796 et 1798) sur des feuilles volantes. Les catalogues de la confrérie du Scapulaire et du Rosaire indiquent des admissions en 1795, 1796, 1797 et 1799. En octobre 1797, Ravier, d'Arc-sous-Cicon, rend ainsi compte de l'état du pays au représentant Quirot : « Les agents d'Ouhans, de Bians, de Goux, de Sombacourt, d'Évillers sont tout dévoués aux prêtres insoumis; à Goux, Sombacourt, Évillers, les prêtres déportés ont officié constamment dans les églises ; l'ancien curé de Goux, Longchampt, s'est fait dans son presbytère une nombreuse association de ses confrères : les Descourvières, les Mignot sont ses vicaires; le son des cloches appelle les habitants de plusieurs paroisses environnantes à la petite cathédrale ; les agents et adjoints y accourent les premiers. Il en est ainsi à Sombacourt et Évillers.... Cependant le peuple est tranquille, il ne se livrera à aucun délit dangereux [1]. »

§ 4. — *Du coup d'État de fructidor au 18 brumaire* (4 septembre 1797 — décembre 1799).

Ce n'était qu'un répit. Le 4 septembre 1797 (18 fructidor), le Directoire, voyant les opinions modérées reprendre vigueur, fit arrêter et déporter un certain nombre de députés des deux conseils, afin de reconquérir la majorité

[1] J. Sauzay : *Histoire de la persécution religieuse dans le Doubs.*

qui lui échappait. Ce fut le signal d'un retour à la Terreur dans toute la France. On ressuscita les lois contre le clergé. Les prêtres rentrés momentanément au val d'Usier durent reprendre le chemin de l'exil ou se cacher avec plus de soin. La situation devint encore pire qu'avant thermidor. Les démissions, les destitutions avaient décapité le parti de la résistance : d'autre part, quelques ambitions locales s'étaient développées. Jean-Laurent Guyon, d'Évillers, homme intelligent et modéré, président de l'administration cantonale en 1795, quelque temps après la chute de Robespierre, avait été destitué [1] le 23 février 1796. Son successeur, Antide Lallemand, de Saint-Gorgon (on disait de Gorgon-en-Montagne), fut un partisan déterminé de la Révolution, toujours prêt à dénoncer quelque prêtre ou à démolir quelque croix. Entre les persécuteurs du Directoire et ceux de la Convention, il y eut toutefois cette différence qu'on usa un peu moins de la guillotine en 1797 et 1798 qu'en 1793. Au lieu de guillotiner les prêtres [2], on les condamnait à périr sur les plages brûlantes de la Guyane : onze prêtres du diocèse y succombèrent. D'autres furent entreposés sur des vaisseaux près de l'île de Ré et dans la rade d'Aix : ils y moururent en grand nombre des mauvais traitements qu'on leur fit subir.

Cet état violent dura jusqu'à la fin de 1799, quoique le gouvernement ne se fît plus guère d'illusion sur l'impuissance de ses efforts à détruire la religion. En janvier 1799, Ravier d'Arc écrivait au député Quirot : « J'ai

(1) En septembre 1795 (20 fructidor), le canton de Goux avait été appelé à voter pour ou contre la constitution de l'an III, et les décrets des 5 et 13 fructidor, obligeant à réélire les deux tiers des conventionnels et à maintenir l'œuvre de la Convention. Le canton de Goux se prononça contre les décrets de fructidor par 373 voix contre 49. C'est à la suite de ce vote que les administrateurs du canton de Goux furent destitués le 23 février. (V. Sauzay, VIII, p. 328.)

(2) Huit cependant (du diocèse) furent encore exécutés après fructidor ; onze l'avaient été en 1793 et 1794. Quant à ceux qui périrent à la Guyane, à l'île de Ré, à la rade d'Aix, ils sont plus nombreux.

requis de faire ôter les croix qui existent sur les clochers d'Arc.... d'Évillers, sans que les agents aient voulu obtempérer. Ils aimeraient mieux donner leur démission que de se charger de l'enlèvement. On pourrait en charger le citoyen Antide Lallemand. » Cette fois encore la croix resta.

Ce fut un des derniers efforts de l'impiété persécutrice. Depuis quelques mois, le Directoire cherchait à se rendre un compte exact de l'état des esprits : les directoires locaux se firent envoyer des rapports sur l'état politique et religieux de chaque canton. Ces rapports sont curieux à consulter.

« Dans le canton de Goux, y est-il dit, les prêtres officient quelquefois pendant la nuit dans les maisons particulières, sans qu'on puisse en être informé à temps. Ces rassemblements nocturnes entretiennent le fanatisme (juillet 1798). Les décadis ne sont pas observés.... Quelques croix sont relevées, et on y a écrit : *Celui qui l'ôtera tombera....* Il n'y a aucun instituteur public, l'instruction est aux mains des anciens maîtres d'école fidèles aux prêtres.... Il est presque impossible d'arrêter les prêtres insermentés qui continuent à agiter surtout les communes de Goux et d'Évillers (1).... (Floréal an VII. Mai 1799.)

§ 5. — *La fin de la persécution religieuse et la restauration du culte.*

Le 18 brumaire (déc. 1799) mit les rênes du gouvernement entre les mains d'un homme qui allait chercher une autre direction. Les honnêtes gens commencent à

---

(1) Extraits des rapports mensuels des commissaires du Directoire en 1798 et 1799 cités par J. Sauzay. — En 1799, il n'y avait plus dans le Doubs que quatre-vingt-dix écoles publiques ou officielles, le gouvernement manquant d'instituteurs capables, ayant la confiance du peuple : en revanche, il y avait trois cent quatre-vingt-six écoles libres ou privées.

reprendre courage : ce n'est pas encore la liberté, mais peu à peu quelques mesures de justice sont prises, au contentement de tous. Les administrateurs hostiles à la religion sont peu à peu remplacés : çà et là on se risque à sonner les cloches, malgré les défenses contraires.

Le 29 novembre 1800, les consuls annulent les arrêtés de déportation portés contre certaines catégories de prêtres. Au printemps suivant (1801), l'administration départementale étend les mesures de clémence aux autres ecclésiastiques. L'arrêté autorisant la rentrée en France est du 27 mars pour M. Jouffroy, du 31 pour M. Gannard, du 15 avril pour M. Mignot. Ce n'est pas le rétablissement du culte, mais déjà on officie ostensiblement dans les maisons particulières, quelquefois dans les églises.

Pendant que la France catholique se réjouissait de revoir ses prêtres, le gouvernement de Bonaparte discutait avec le Souverain Pontife les articles du Concordat. Il fut signé le 15 juillet 1801. Ce n'étaient que les préliminaires de la restauration officielle du culte catholique. Il restait à étudier une nouvelle circonscription des paroisses, à retrouver des ressources pour l'entretien des églises et des curés. Les populations n'attendirent pas toutes ces formalités pour reprendre leurs habitudes d'avant la Révolution. M. l'abbé Jouffroy vint retrouver son bon peuple d'Évillers : suivant la loi, il devait adresser une demande à la commune, à l'effet d'exercer les fonctions du culte, et prêter serment de fidélité au nouveau gouvernement. Il le fit le 14 août 1801.

Le ministère de M. Jouffroy n'était que provisoire, en attendant un curé appointé par l'État : le provisoire dura jusqu'au printemps de 1803. A ce moment, l'ancien vicaire en chef d'Évillers fut nommé curé de Boujailles, pendant que M. Claude-Alexis Gannard, vicaire en chef à Bief-des-Maisons avant la tourmente révolutionnaire, venait prendre possession du poste d'Évillers. Ce n'était pas un inconnu. Il avait plus d'une fois, en secret, notamment en 1798, administré les sacrements à Évillers. Le dimanche 2 mai 1803, après la messe chantée solennellement, le nouveau curé prêta serment de fidélité à la constitution, et procès-verbal en fut rédigé immédiatement et consigné dans les registres de la commune.

Ce fut un beau jour pour la paroisse : mais quelle différence entre l'état actuel de l'église, et le bel ordre qui avait régné dix ans auparavant ! Tout est saccagé : plus d'ornements sacerdotaux, plus de vases sacrés (qu'un calice), plus de linges d'autel, pas de presbytère; l'église malpropre et délabrée. Avec la meilleure volonté du monde, il était impossible de pourvoir à tout sans délai. Le conseil municipal commença par voter (15 mai) les crédits nécessaires à l'achat de deux aubes, deux surplis, quatre chasubles, une chape, six nappes d'autel, un ciboire et un ostensoir. Par la même délibération, il fut pourvu à la location et à l'aménagement du presbytère. La restauration de l'église dut attendre encore quelques années.

Le Concordat avait décidé qu'on modifierait, s'il y avait lieu, les circonscriptions paroissiales. En 1804, la question ayant été mise à l'étude, l'avis du conseil fut demandé. Par délibération du 12 thermidor an XII (30 juillet 1804), il exprima le désir que la paroisse fût maintenue comme succursale.

Le presbytère avait été aliéné en 1791 : on attendit quinze ans les quatre mille francs nécessaires pour le racheter. Ce n'est qu'ensuite qu'on restaura peu à peu les fenêtres, les planchers, la porte, le beffroi de l'église. Il n'y avait plus qu'une cloche fêlée; on en fondit deux (1816).

La Révolution n'avait pas fait que des ruines matérielles; on le vit bien plus tard, après la restauration du culte. La guerre acharnée faite à la religion pendant dix ans, les blasphèmes sans cesse répétés avaient ébranlé la foi dans quelques âmes ; au lendemain d'un orage qui a passé sur la forêt, on ne se rend pas compte d'abord des ravages, de loin surtout ; mais si on pénètre à l'intérieur, on rencontre çà et là des arbres déracinés, des cimes brisées ; bientôt quelques-uns, parmi les plus beaux, sécheront sur leurs racines ébranlées. Ainsi arriva-t-il dans beaucoup de paroisses : on reprit d'abord ses habitudes d'autrefois ; mais les convictions n'étaient plus aussi fermes [1] ; l'arbre restait encore debout, mais de nouvelles tempêtes ne passeraient peut-être plus impunément. Beaucoup de vieillards, qui avaient été témoins de la vie chrétienne au siècle précédent, gémirent en comparant le temps actuel aux années de leur jeunesse [2].

La paroisse d'Évillers méritait cependant de revoir au cours du siècle quelques belles années de ferveur ; les vieillards les ont encore vues (et pourquoi ne les reverrait-on pas encore ?) ; quand on a de belles traditions et un passé d'honneur, l'avenir reste plein d'espérances.

[1] Il se fit des vides dans les assemblées pieuses où l'on avait coutume d'être unanimes.

[2] En 1813, le conseil municipal, constatant un abus qui s'était introduit récemment, interdit de séjourner sur le cimetière pendant la messe et à l'issue de la messe, et de se livrer aux jeux publics pendant les offices. Le garde champêtre fut chargé de dresser procès-verbal des contraventions. Délibération, registre, 1813.)

CONCLUSION

Chaque génération hérite des générations qui l'ont précédée, apporte sa contribution au patrimoine légué par les
anciens, et prépare ainsi la génération suivante. Il n'est
pas étonnant que les derniers venus trouvent certaines
commodités de la vie que ne connaissaient pas les âges
antérieurs. Ne nous prévalons donc pas des progrès dont
nous sommes témoins ; c'est l'œuvre de ceux qui ont vécu
avant nous.

Le bonheur de la vie ne dépend d'ailleurs que pour
une faible partie du bien-être matériel : jamais on n'a pos-
sédé plus qu'aujourd'hui, ce qui devrait, semble-t-il,
rendre la vie agréable, et jamais peut-être le peuple n'a
été moins satisfait de son sort, et plus désireux de sortir
de sa condition, quelle qu'elle soit, pour en chercher une
autre. Il n'est pas téméraire d'affirmer qu'en remontant
le siècle, ou même les siècles passés, on trouverait des
époques où l'habitant de la campagne se sentait, ou du
moins se croyait plus heureux qu'aujourd'hui.

C'est incontestablement de l'état moral et religieux du
peuple que dépend surtout, non seulement l'ordre dans
la famille et la société, mais le contentement intime, le
bonheur dans la médiocrité et jusque dans la pauvreté.
Si, aujourd'hui, on constate de toutes parts un certain
malaise au milieu du bien-être et de l'inquiétude univer-
selle, c'est que la religion a perdu de son empire.

Aucun fait ne vérifie mieux cette loi que notre histoire
locale. Notre pays doit à l'intensité de sa foi religieuse

de compter dans son passé de belles années d'honneur et
de prospérité.

S'il est resté plus longtemps que d'autres attaché à ses
traditions et à ses habitudes chrétiennes, c'est parce
qu'instinctivement il comprenait qu'il a une dette de
reconnaissance à payer à l'Église. N'est-ce pas l'Église
qui a abrité ses premiers habitants ? N'est-ce pas la religion qui a été leur protectrice et leur meilleure consola-
trice dans les jours malheureux ? N'est-ce pas de la paroisse qu'est née la commune avec ses libertés ? N'est-ce
pas aux prêtres qu'ils ont dû leur instruction, remarquable pour le temps ?

L'héritage religieux des ancêtres n'est plus intact : ce
qui a été perdu de ce côté, l'a-t-on gagné d'un autre ?
Beaucoup avaient cru que les réformes sociales et politiques, les merveilleuses inventions d'un siècle de
science, allaient donner au monde un bonheur sans mélange ; ils commencent à voir qu'il y avait une erreur
dans leurs calculs.

Certes, il ne faut pas rejeter en bloc le legs du XIXe siècle au siècle qui va commencer. Il n'est pas impossible
de concilier les principes chrétiens qui inspiraient autrefois la conduite des âmes fidèles, avec beaucoup d'aspi-
rations légitimes des temps nouveaux.

Retenons du passé ce qu'il a eu de bien, c'est-à-dire
de chrétien, prenons du présent ce qu'il offre de beau et
de bon. A cette condition, nous verrons des jours meil-
leurs et nous léguerons à nos successeurs un héritage
dont ils nous seront reconnaissants.

NOTE

SUR

LE CHATEAU ET LA SEIGNEURIE DE MAILLOT

~~~~~~~~

A égale distance de Reugney et d'Amathay-Vésigneux, sur un rocher, près de la ferme dite de Maillot, appartenant à M. le marquis de Moustier, on voit quelques ruines de l'ancien château qui fut le centre de la seigneurie de Maillot.

Comme le château de Sombacourt gardait l'entrée du val d'Usier du côté de la haute montagne, le château de Maillot avait été construit pour dominer la seule voie qui mettait en communication le val d'Usier avec le plateau de Chantrans.

Mentionné dans les chartes du xiii⁰ siècle sous le nom de *Chastel-Meillot*, il paraît avoir été bâti au xii⁰.

Lors de l'invasion de la Franche-Comté par les armées de Louis XI, le château de Maillot fut ruiné par les troupes du général d'Amboise (1480). Rebâti en 1516 par Jean de Scey, il fut épargné par les invasions suivantes et dura jusque vers 1789. A cette époque, il fut détruit dans les circonstances suivantes.

Antoine-Alexandre de Scey, seigneur de Maillot, vivait (1773) à la cour de Versailles, délaissant en Franche-Comté sa femme, Thérèse-Victoire de Grammont. Offensée à juste titre de l'abandon auquel la condamnait son mari, elle demanda la séparation. Un soir, pendant que le procès s'instruisait, elle se présenta pour entrer au château de Maillot. Le gardien, d'après les ordres du comte, refusa de la recevoir : elle dut descendre dans la maison d'un paysan. Pendant la nuit, le château était réduit en cendres.

Le château de Maillot paraît n'avoir jamais été résidence seigneuriale à titre permanent : ses propriétaires avaient d'autres domaines où ils résidaient.

Au XIIe siècle, c'est à la maison de Scey qu'appartenaient le château et la seigneurie de Maillot. En 1130, Pierre de Scey est appelé seigneur de Scey, Maillot, Champeurtil, Goux, etc.

Vers 1139, à la suite d'un partage, la terre de Maillot passa aux comtes de Montbéliard. Au XVe siècle, elle appartint pendant quelque temps à la maison d'Épenoy, pour revenir en 1484 à la famille de Scey, par le mariage de Jean de Scey avec Catherine d'Épenoy, fille de Guillaume d'Épenoy, sieur de Maillot.

Depuis lors, le domaine de Maillot n'est plus sorti de la maison de Scey, jusqu'au commencement de ce siècle. Pierre-Georges de Scey (mort en 1843) fut obligé de le vendre pour payer ses dettes [1].

Les terres de Maillot s'étendaient de Déservillers, inclusivement, à Évillers. Le seigneur avait, sur ces deux villages et sur les localités du val de Maillot, des droits qui ont varié de siècle en siècle.

Un dénombrement de 1619 attribue au seigneur de Maillot quatre sujets mainmortables à Évillers, et « le droit de haute, moyenne et basse justice sur eux, leurs meix et héritages.... non, toutefois, sur les communaux d'illecques [2]. » La commune, en effet, tenait ses commu-

---

[1] Nous devons ces renseignements sur le château et la seigneurie de Maillot à l'obligeance de M. l'abbé Favrot, curé de Scey-en-Varais, auteur de l'*Histoire de Scey et du château de Saint-Denis*.

[2] Archives de la préfecture du Doubs.

naux du roi d'Espagne, à qui elle payait un cens. D'autre
part, un acte de vente de 1576 constate l'existence de
certains droits que possédait le seigneur de Maillot,
Claude de Scey, sur une forêt de chênes, au lieu dit
« Montraboz (1). »

S'il faut en croire la tradition, les intendants (2) exer-
çaient leur autorité avec quelque arbitraire : peut-être
faudrait-il faire dans ces traditions une part à la légende.
Quoi qu'il en soit, au siècle dernier, les droits utiles du
seigneur étaient considérablement réduits.

(1) Archives de la commune d'Évillers.
(2) Au registre des baptêmes de 1705, un parrain est appelé *Nobilis Caro-
lus Vincent, dominus d'Évillers.* Est-ce l'intendant de Maillot ?

TABLE DES MATIÈRES

BESANÇON. — IMP. ET STÉRÉOT. DE PAUL JACQUIN.